一本就懂台灣神明

目錄

第七類 自然神崇拜

廟・宇・巡・禮

打開街頭巷尾廟宇的密碼

臺灣史作家　王御風

臺灣是個廟宇眾多的地方，而每一間廟宇中，裡面所安奉的每一尊神明，都是解讀這塊土地的最佳符碼。

以我個人為例，家住在臺北大稻埕，工作地點則在高雄後勁與旗津（因為學校有兩個校區），每週必須在這三地往返，如果要介紹這三地歷史，帶著大家到當地廟宇，認識神明是最快速的方式。

大稻埕最有名的是霞海城隍廟，因為廟內月老太靈驗，每天甚至會有許多日本旅客為求姻緣而來。另一個著名的是慈聖宮，廟前廣場小吃也吸引來自四面八方的饕客。但仔細探究其起源，大稻埕最早由福建泉州同安移民所建，這批先民原居住在艋舺，自組類似今日商業公會的「下郊」，和另一群組成「頂郊」，同樣來自泉州的三邑（晉江、會安、南安）移民常發生衝突。

一八五三年，頂郊與下郊發生一次大規模械鬥，這場「頂下郊拼」，落敗的下郊同安人逃到大稻埕，倉皇之間，仍不忘將他們從同安請來的霞海城隍及媽祖一併帶走，在大稻埕賦予新的生命。並伴隨著大稻埕一起成長，不僅成為臺北最重要的商業重鎮，甚至發展出新的功能，以月老及小吃聞名全臺，但若能仔細探究其起源及發展，仍可發現廟內神明不僅代表著當地族群的原鄉身份，也可看到大稻埕的歷史脈絡。

當坐在慈聖宮廟前享用美食時，很難想像這廟口原來是對渡的碼頭，而慈聖宮所祀奉的，就是保佑海上航行的媽祖。我另一個工作地點是旗津，當地最大廟宇也是由媽祖坐鎮的旗後天后宮，這也反映出臺灣島嶼本色，四面環海的臺灣，居民依海為生，海神媽祖也就成為全臺最重要神明，遍佈全臺的媽祖廟，以及每年「三月瘋媽祖」的盛況，都可見證這些渡過「黑水溝」臺灣海峽的神明來到臺灣後，因為臺灣當地發展而逐步「在地化」的過程。

而隨著時代變遷，轉變保佑在地居民方式則以後勁眾神明最具代表性。後勁諸公廟中，不論是祭祀保生大帝的聖雲宮或是神農大帝的聖雲宮，都說明這是一個傳統農業聚落。但這個農業聚落卻在臺灣工業化過程受到極大傷害，日本時代所建造的日本第六海軍燃料廠，戰後轉為中油高雄廠，後又成為石化產業中一輕（第一座輕油煉解廠）、二輕的基地。在早年只求工業發展，無暇眷顧環境的背景下，後勁地區的空氣、水飽受污染，當地居民罹癌率也非常高。

一九八七年，政府宣布要在中油高雄廠興建五輕，當地居民雖然感到氣憤，但也無計可施。就在此時，後勁神明透過「站筊」的儀式，團結當地民眾，展開了臺灣環保運動史上非常重要的「反五輕運動」，雖然五輕還是在一九九〇年開工啟用，但在神明帶領下，後勁歷經二十五年的堅守，終於在二〇一五年看到中油高雄廠關廠，這更是神明與土地、民眾一起成長的歷史過程。以上種種，都可看到每一尊廟內的神明，其實與我們的生活息息相關。

作者虹因是我的同事，對廟宇及神明有詳細且透徹的研究，當我們進入後勁做田野調查時，也多虧她協助我們釐清有關後勁廟宇及神明的脈絡。這次她將視角放大，檢視全臺的神明，等於幫所有的人打開街頭巷尾廟宇的密碼，對照著本書，可以看到這間廟宇神明所象徵的意義，更能進一步理解與這個聚落的關係，也更能理解臺灣，以及天上神明與地上百姓，如何為這塊土地一起打拼。就讓我們翻開此書，共同探尋臺灣的神明。

精準點出臺灣民間信仰的走向

臺南市承天府文史工作室負責人　高凱俊

中央研究院院士李亦園曾說：「在我國的宗教中，除去佛教、基督教等制度化宗教均屬外來宗教外，道教只能說是半制度化的宗教，因此擴散宗教的成分佔很重要的地位，這些與風俗習慣、日常生活混和在一起的宗教信仰，一般通稱為『民間信仰』。」

而「民間信仰」這用語，早在日治時期研究臺灣宗教的日本學者增田福太郎所著作《臺灣的宗教》一書中就出現，曾言：「這樣道教、儒教、佛教淪為一種互相混淆的民間信仰，令人不知究竟為何物。」

因為「民間信仰」具有地方性與通俗化，戰後初期官方文獻又稱它為「通俗信仰」。而民間信仰的主體就是「神靈」即「神明」，是被人們崇拜的對象，這些對象相當多元、龐雜，又與人們一生中的生命禮俗密不可分。因此，這些臺灣民間信仰的神明，它們的由來、演變及職司，甚至在臺灣不同地方，對於同一神明的靈驗傳說、崇拜程度、職掌範圍皆不盡相同；更有趣的是也衍生若干在地的神明，加入神仙的行列，受人膜拜，這些現象更讓許多人疑惑混淆，期望有一本書籍，能用淺顯易懂的敍述、圖文並茂的形式，來介紹臺灣民間信仰的神明由來、變遷及其文化意義。

這次承蒙好讀出版不棄，讓我為這本即將出版的《一本就懂臺灣神明》寫一些我的感想和心得，我愧不敢當，但個人因常期著力於地方文史研究、撰寫與教學推廣，對於臺灣的神明認知稍有涉獵，就試試吧！

閱讀了這本《一本就懂臺灣神明》，全書大致分為三大部份：第一部分「神仙新天地」，介紹臺灣神明緣起；第二部分為「眾神大會：神明故事」，是本書主要內容，介紹臺灣具有代表性的五十位神明；第三部分為「宮廟傳奇」，採邊欄的方式來呈現，亦概要介紹全臺較具特色或代表性的廟宇三十座。

作者將「神仙新天地」分四個階段作概要介紹，從先民由原鄉渡海來臺拓墾，祈求能受神明庇佑平安渡過黑水溝，及在這處新天地生存發展，而將原鄉的神明信仰帶來臺灣，再經過清代定居社會的階段後，早期來臺的神明已在臺灣落地生根，直到日治初期；然而，在日治末期由於日人施行皇民化政策，除了對臺灣民間信仰產生重大的壓抑外，相對的亦切斷了臺灣民間信仰與閩粵祖籍的連結，使得民間信仰的自主性提高，臺灣祖廟與分靈系統逐漸形成，這段敍述就很有意義。最後的戰後階段，作者更能精準點出臺灣民間信仰的大轉變緣由及現況民間信仰的走向。

在「眾神大會：神明故事」部份，也是讀者閱讀的聚焦單元，由於本書的書名意義，就是要讓普羅大眾能快速的理解主要內容，無法詳盡充分的表達。因此，作者將眾神明的起源、轉變過程及有那些著名的奉祀宮廟，用簡潔扼要的敍述來呈現，亦是值得稱讚之處。而「宮廟傳奇」則是提供讀者，能立即瞭解這些宮廟的創建沿革、現存重要文物及其特色所在，這亦是本書的另一特點。

從以上感想和心得，可看出作者花費許多苦心來蒐集各種資料，甚至必須田野調查，方能有此成果。因此本人鄭重推薦這本《一本就懂臺灣神明》給大家分享，更期望讀者能有更多的回響來支持本書。

透過信仰理解在地文化

《高雄好過日》協會 文史調查組 楊晴惠

身為一個從小到大幾乎只有大考期間會拿著准考證進廟裡拜拜的都市小孩，首先我必須承認，雖然個人一直相信神的存在，但對於臺灣的神明信仰認知卻是非常貧乏的。

早幾年前我對臺灣神明的認知，大致停留在幼年時期閱讀的各種民間童話故事，即使住在高雄一個比較古老的街區——鹽埕，廟宇林立、信仰活動十分旺盛，但每每看到各種遶境活動時，除了讚嘆這些信眾旺盛的參與力之外，對於到底是什麼樣的力量在支撐他們、或這些形形色色的群體拜的神明到底有什麼不同，基本上是一片無知。

如果用哈利波特比喻，我大概可以算臺灣神明信仰界的麻瓜吧？

對各路神明十分無知的我，因為興趣的關係，在幾年前重拾課本回到學校，栽進臺灣史研究的領域，又因為有感於自己對土地的無知，開始了對地方歷史文化的追尋。

在這樣的因緣之下，不論是跟著老師去田野實察，或者自己需要爬梳地方發展歷程，都無可避免的必須和地方神明們「打交道」，畢竟由廟宇的座落、信仰圈的形成、到建廟捐款名錄等等，都和地方發展息息相關。透過在地的神明信仰，很容易就能看出一個地方的過往與特色。

以我所居住的鹽埕來說，知名老廟三山國王廟，除了主祀神明三山國王之外，也和萬興宮、壽山宮輪流祭祀「太陽公」。這三個廟宇祀奉太陽公一事，正顯示了過去此區域以曬鹽為主業發展聚落，高度仰賴陽光的生活、產業型態。

透過民間信仰理解土地與文化，對我而言像是打開新世界的大門一樣，偏偏個人對臺灣神明信仰所知甚淺，進廟只會看看匾額看看碑，於是有時候有機會和廟方人員聊天或進行訪問時，常常困於王爺啊千歲啊的「專有名詞」，只能先草草記下回來再做功課。

雖然書架慢慢開始出現介紹臺灣建築廟宇結構的圖鑑、甚至日治時期神社分布的考證書籍，但就是一直欠缺一本介紹臺灣神明的「攻略手冊」。認真來說，虹因這本介紹臺灣神明的書，可以說解救了我長期以來的困擾。

臺灣民間信仰密度之高，搞不好快直逼便利商店的密度，而比便利商店更厲害的，是便利商店幾乎只有那幾家連鎖店壟斷市場，但臺灣的神明信仰卻非常的繽紛多彩、形形色色，而且背後都有著很有趣的故事，並有著與在地的歷史連結。

有時仔細一想，會發現我們曾經在出國旅行時走遍京都大小寺廟神社，搞不好還買了各種御守朱印，卻對自家巷口傳統在地的老廟十分陌生，這或許也源自於長期以來由於生活型態的改變，造成我們與在地的傳統連結逐漸疏離。

如果你也有這樣的症頭，開始想要了解一下一直以來庇佑你的神明，又或者只是想避免下次進廟拜拜時找錯神明拜錯人，都誠摯的推薦下次打開POKEMON GO出門散步之餘，一併帶著這本《一本就懂臺灣神明》！有它陪你造訪常常路過、看起來很熟悉卻鮮少踏入的廟宇，既能和神明打打招呼請祂多多關照，也能了解一下祂的故事，或許能獲得很多意想不到的收穫喔！

作者序

花點時間了解家鄉廟宇與神明的故事

宗教已成爲台灣民衆日常生活不可或缺的一環

源自中國古代信仰

臺灣是一個宗教自由且多元發展的社會，受到特殊歷史背景與豐富地理環境的影響，臺灣的民間信仰涵蓋了原始宗教的自然崇拜、神話崇拜、道教神明、通俗佛教、民間傳說等範疇，其中有許多是源自中國古代信仰的傳統。

隨著中國移民傳入臺灣，歷經約四百年的發展演變，已屬於臺灣傳統民俗文化的一部分，也成為人民日常生活所不可或缺的一環。

臺灣神明發展可分四個階段

民間信仰奉祀的神明大多是隨著十七世紀末的第一波漢人移民渡海來臺，若從歷史發展來看，大致可分為：渡海拓墾、定居社會、日本殖民、二次戰後等四個階段。

各階段中的神明與寺廟的數量增減不一，信仰內涵與神明定位也隨著時代有所改變。

逢廟便拜的習慣

然而發展至二十一世紀，傳統信仰習俗在現代社會中相較於其他新興宗教漸趨式微，除了信徒之外，一般民眾對於神明與寺廟是抱持著有拜有保佑的想法，因此逢廟就拜，但往往不清楚廟宇奉祀哪些神明，也不瞭解眾神明的來歷與職司。

神明反映當地的歷史文化

事實上，每尊神明與地方公廟的發展都可反映出在地歷史文化的演變脈絡，若願意花些時間了解家鄉寺廟與神明的故事，會更加認識在這塊土地上發生的人、事、物，或許也可發掘出其他與在地文化相關的小故事。

一本認識臺灣神明入門書

本書內容主要是介紹臺灣民間信仰中常見的神明，尚有許多在地鄉土神明未能收錄其中，因此所謂的「一本就懂」臺灣神明，並非看完本書就真的能全盤了解臺灣的民間信仰，而是期望透過本書作為認識臺灣神明的入門書，希冀讀者們能藉此認識到臺灣豐富的宗教文化。

從信仰脈絡到神明故事

因此本書會先說明臺灣民間信仰的發展脈絡，再從第二章開始分類介紹各神明的緣起與故事，分類的用意主要是方便讓讀者理解各神明的職司，但事實上神明的職司會依照著人民的需求而轉變，換言之，每一神明都具備多樣性的角色功能。

另一部分是介紹臺灣著名的宮廟，每間宮廟從正面廟體來看似乎大同小異，但事實上其神像、雕刻、彩繪、匾額與文物都有其特色與匠師的巧思，訪客在參拜時或許可花點時間仔細觀察。

限於篇幅，本書中的神明故事僅能提及較為人所熟知的內容，雖已盡可能的查證，但一定還有許多遺漏，因此內容有不足或錯誤之處，希冀讀者們的見諒與指正。

序章

神仙新天地

渡海拓墾

臺灣位於太平洋島嶼鏈帶上，四周環海，與中國大陸相隔著臺灣海峽，考古學家發現臺灣島上在新石器時代就已有外來的移民，且呈現出多元文化的發展，更有證據顯示史前人類及原住民都與南島語族的關係密切。

雖然島上已發展出豐富的族群文化，但在十七世紀之前，臺灣一直被鄰近的中國視為「化外之地」，中國在明代中葉因人口壓力問題，於是向外尋求耕地的移民風氣興起，尤其是耕地較為貧乏的沿海省份，如閩、粵等地最盛。因此距離中國最近的臺灣便成為移民的重要據點。

另外歐洲海權國家在十七世紀向亞洲擴展，葡萄牙人、荷蘭人與西班牙人接續來到臺灣，其中荷蘭東印度公司因佔領澎湖不成轉進臺灣，於是臺灣在一六二四年成為了荷蘭的殖民地，荷蘭人因商業利益的考量，引進漢人移民來臺開墾，成為閩、粵等地大量漢人移民臺灣的開端。

至於第一波重要的移民潮是隨著鄭成功渡海來臺的軍隊與軍眷移民，接著是在清朝統治時期人數最多，因移民一波接著一波，臺灣島在人口結構上，漢人比例大幅增加，臺灣成為了以漢人移民為主的新社會。

由於此時期的來臺漢人以沿海漁民為主，漁民信奉的海神如媽祖、四海龍王、玄天上帝、水仙尊王等神明便跟隨著移民乘船渡過俗稱「黑水溝」的臺灣海峽，

但由於生活並未安定，尚無力設祠建廟，因此大多數信徒會將分靈的香火或神尊先置於簡易的田寮或居室中奉祀。隨著開墾需求，祈求拓墾平安，五穀豐收的土地公信仰也因應而生，土地

公雖然神格較低，卻是漢人感念土地孕育生命最重要的神明之一。

移民拓墾者，開墾時面對的挑戰之一是臺灣島上炎熱潮濕的地理環境，加上瘴癘惡疫的流行，漢人水土不服情況嚴重。

施琅就曾上奏〈盡陳所見疏〉提及：「原住臺灣者，有二、三萬，俱系耕漁為生。至順治十八年，鄭成功親帶去水陸偽官兵並眷口共計三萬有奇，為伍操戈者不滿二萬。……。此數年，彼處不服水土病故及傷亡者五、六千……」

說明了漢人因瘟疫病故者不在少數，於是去除瘟疫災禍的王爺信仰便成為漢人祈求平安的心靈慰藉，王爺信仰較集中於臺灣南部地區，其原因也與早期雲嘉南平原地勢較低、多沼澤地區有關。

定居社會

清康熙二十二年（一六八三年），施琅登陸臺灣，接受鄭克塽的投降，清朝政府正式將臺灣納入版圖，設立一府三縣，派兵駐紮臺灣。

清政府在設置府縣的同時，也設立了官祀城隍廟，城隍信仰從原先的臺南府城，擴及到鳳山縣、諸羅縣等地，並隨著行政組織改變而增加管轄地區，民間受城隍信仰的影響，逐漸也出現私祀的情形。

不過官祀神明除了具有權威性，也是作為統治方式的手段之一，例如媽祖崇拜的盛行與清政府支持有關，施琅運用海神媽祖信仰，凝聚清軍士氣，順利地取得了澎湖與臺灣，並將此戰績歸功於媽祖顯聖，大肆宣揚媽祖的神蹟，於是媽祖也被清政府列為祀典神明之一。

媽祖廟中更懸掛著清朝皇帝

御賜的匾額，例如雍正皇帝頒賜的「神昭海表」匾，乾隆皇帝的「佑濟昭靈」匾等。

臺灣的媽祖信仰在官方的支持下從漁民的守護神轉化為一般民眾信奉的主神。

在清領時期，以臺灣府（臺南市）一帶為中心，依序向南、北拓墾，隨著開墾戶的增加與聚集，商貿經濟逐漸活絡，行會與組織也紛紛成立，於是各行業的祖師神陸續出現，例如商人的關聖帝君、讀書人的文昌帝君、藥神神農大帝、工匠的巧聖仙師、戲曲的西秦王爺與田都元帥等。

然而在鄉村間由於原鄉的地緣關係，各自組成同鄉同族的聚落，例如泉州、漳州、福州、客家等族群，又因土地紛爭、利益糾紛，械鬥頻傳，促成同鄉同姓聚落規模擴大，家廟、宗祠等紛紛興建，於是族群神崇拜盛行，例如保生大帝—泉州同安人、廣澤尊王—泉州三邑南安人、清水祖師—泉州安溪人、三山國王—廣東潮州人、開漳聖王—漳州人等，這些祖籍神是各個村落的重要守護神，在臺灣傳統農村中發揮了很大的整合力量。

此階段也發展出臺灣在地的民間信仰，例如鄭氏王朝雖只短暫統治臺灣二十二年，卻衍生出許多民間的傳奇故事，民間除了奉祀鄭氏父子之外，還有諮議參軍陳永華、統帥劉國軒等人也成為民間所祭拜的神明。

另外協助清政府，和朱一貴、戴潮春及林爽文相對抗的客家族群，他們為紀念不幸罹難的先民，建造義民爺廟奉祀之，新竹縣新埔鎮的義民廟更獲清乾隆皇帝御賜的「褒忠」匾額，進而促使當地的義民廟香火更為興盛。

日本殖民統治

一八九五年臺灣成為日本的殖民地，雖然在政治上被管控及限制，但在宗教方面日本統治初期則是採取放任政策，對於民間信仰與寺廟並無太多的干預，反而少數與日本有關的神明更獲得較多的支持，且協助舉辦祭祀活動，例如鄭成功有日本的血統，日本政府為拉攏臺灣人，不僅出資修建延平郡王祠，也推動鄭成功的祭祀活動；另外受儒家思想的影響，日人也很景仰孔子、關聖帝君等儒教神明，例如在臺南孔廟中仍保存著一九一六年由枝德二（擔任臺南廳長）所重修的禮樂器，便可見日人對於儒家文化的推崇。

然因一九一五年發生的西來庵事件，日本人改採取「揚佛抑道」策略，企圖將日本神道移植到臺灣，建立神社、設立佛像，並著手調查臺灣宗教，限制民間信仰的宗教活動。

事實上日本統治初期對於臺灣寺廟最大的破壞主要來自總督府所實行各城市的市區改正計畫，不僅拆毀了清朝政府設置府、縣的城牆，也因道路擴增迫使多間寺廟面臨遷建或拆除的命運，例如臺北大稻埕慈聖宮、彰化孔廟、鹿港三山國王廟、臺南北極殿、風神廟等，許多廟宇因此逐漸沒落，即使重建後香火也不如以往興盛。

一九三三年至一九四五年日本政府實行皇民化政策，此階段是以摧毀臺灣民間信仰的目的，在一九三八年進行的「寺廟整理運動」，內容包含了寺廟拆除、合併，神像的撤除、合祀、燒毀的工作，規定廟宇奉祀的神明須改為純正的佛教或儒教之神佛，試圖消除臺灣人的文化認同。

於是信徒們只能轉為私下奉祀，許多廟宇更將神像藏匿於廟公、爐主家中，或將佛像擺置正殿偽裝成祭拜日本佛像，以及將寺廟改名來消除日本人的疑慮。

總括來說，日人對臺灣宗教的干涉造成的影響，可分為兩方面，一是在日本殖民的五十年間，切斷了臺灣民間信仰與閩粵祖籍的連結，使得民間信仰的自主性提高，臺灣祖廟與分靈系統逐漸形成，換言之，原本須向中國祖廟進香的慣例在此時期改為前往臺灣祖廟進香，在媽祖信仰、保生大帝信仰體系中都可見此現象。

二是佛教在日治時期對於民間信仰的影響大增，除了原本的觀音媽信仰之外，在各宮廟中也增加了釋迦牟尼佛、三寶佛等佛像。

二次戰後

二次大戰結束後，日本總督府因戰敗撤退離臺，臺灣又再次的改朝換代。

在一九四九年國民政府因國共內戰失利，蔣介石率大批軍隊、官員及眷屬遷臺，這是臺灣歷史上最大規模的移民潮，移民團體中也包含了道教、一貫道、佛教、儒教、基督教等各宗教人士，因此為臺灣民間信仰帶來新的風貌，如一貫道、王母娘娘信仰在臺灣都重新傳教發展，成為新興的宗教組織。

傳統的廟宇在日治時期被登記為佛教信仰的寺廟逐漸更正，並且在國民政府刻意抹除日本人的統治痕跡下，許多寺廟中有關日本長官致贈的匾額、與神社相關的建築、有日本紀年的碑記等都被銷毀、重刻或改寫。

至於原本因皇民化政策，為躲避查收而藏匿的神像，又重新設壇奉祀，不過此時的祖籍意識已較低，民間信仰中族群神的寺廟比重逐漸下降，普遍性的媽祖、關聖帝君、土地公、觀音媽等神明的香火則日漸興盛。

國民政府統治初期採取威權統治，實行戒嚴，雖然對於宗教仍保持較為開放的態度，但事實上民間廟會活動的舉辦仍會受到政府的關切，並且在大中國文化的思維下，臺灣民間信仰又重新強調與中國祖廟的連結，寺廟更透過宣揚中國傳統文化思維獲得政府的支持與號召新的信徒。

另外寺廟宗教團體也逐漸受到地方政治力的干預，此影響反映在各地寺廟的祭祀活動一定會看到政治人物的身影，尤其到了選舉期間，政治人物紛紛到廟宇祭拜以祈求當選，近年來每逢春節過年期間，官員或政治人物會前往廟宇發紅包，以及各大宮廟抽出國運籤等現象，都顯示出寺廟似乎成為了政治人物的舞臺，神明在此時並非主角。

而受到經濟快速發展的影響，人民僅重視利益所得與生活消費，民間信仰的傳統道德習俗逐漸消失，取而代之的是功利主義盛行，最明顯的案例是在一九八〇年代風行的大家樂賭博遊戲，投機分子以追求明牌為目標，在各鄉野間都可見賭徒們向大樹公、石頭公、有應公等神明祈求明牌，民間也大肆興建財神廟，祈求升官發財、一夜致富。

此風氣不僅造成社會價值觀的扭曲，也敗壞了善良風俗，讓社會對民間信仰留下迷信、低俗的印象，影響甚廣。所幸至今此風氣已過，民間信仰又逐漸回歸到宗教信仰濟貧勸善的本質。

總的來說，臺灣民間信仰受到移民社會的影響，發展出許多有別於傳統中國神明之特色，各神明與寺廟之間在形式與內涵上都有諸多改變，職是之故，臺灣眾神明反映出臺灣社會所具有的多樣化與活潑性的特質。

正篇

眾神大會—神明故事

第一類

海神信仰

天上聖母媽祖

神·明·小·檔·案

誕辰：農曆三月二十三日

職司：海神

重要宮廟：臺北慈祐宮、臺中大甲鎮瀾宮、鹿港天后宮、彰化南瑤宮、北港朝天宮、臺南大天后宮。

起源故事

媽祖信仰起源於中國福建地區，隨著閩粵移民而盛行於臺灣、香港、澳門等地，以及印尼、越南、馬來西亞、新加坡等東南亞的華人社會，甚至在日本、琉球、美國、加拿大等地都可見到天后宮、媽祖廟，顯示出媽祖的影響力與國際化。

媽祖姓林，是宋代福建莆田湄洲人，傳說自出生時，從未啼哭過，故被取名為「默」，又稱「默娘」。關於林默的生平故事有許多版本，大多形容她自幼聰慧靈巧、慈悲善良，與神佛有緣，並有神通，能預知人的旦夕禍福，經由鄉間的傳播，使得林默聲名大噪，被稱為神女，其得道後，鄉民們感念祂的神蹟，故修建祠堂奉祀，從此顯靈救難的事蹟越來越多，尤其是沿海的居民廣受庇佑，是漁民出海捕魚的心靈寄託，於是成為了中國東南沿海居民的重要信仰。

媽祖到臺灣

媽祖信仰何時來到臺灣，最早應可追溯至十七世紀，然而為何如此盛行於臺灣呢？除了渡海移民的信仰習慣外，更重要的原因與清朝政府派施琅攻打臺灣有關，施琅原先為明鄭軍隊的重要將領，卻因故得罪了鄭成功，其家族慘遭誅殺，施琅為了報仇而轉投清軍，在清康熙皇帝的支持下，施琅率清兵進攻鄭家軍。施琅為提高軍隊的士氣，供奉海神媽祖祈求護佑，順利攻下臺灣後，將此戰績歸功於媽祖顯靈，因而奏請清康熙皇帝冊封媽祖為「天后」。同時為掃除明鄭勢力，將臺南的寧靖王府改為大天后宮，列入官祀，媽祖信仰就在官方支持下在臺灣得以迅速的發展。

職是之故，媽祖成為了臺灣民間信仰中最受人們敬奉的神明之一，全臺各地都可見到天后宮或聖母廟，據官方統計共有

神·明·小·知·識

媽祖的封號

媽祖因神蹟顯赫，獲得中國歷代皇帝的封號，在宋代時被封為「夫人」，元代、明代時獲封為「天妃」，到了清代時更晉升為「天后」封號。

媽祖外型多以溫和、慈祥為主

九二四座（統計至一〇二年）。

近千座天后宮中，屬於較早期興建的媽祖廟，大多是從福建所分靈而來，例如來自湄洲者稱為「湄洲媽」，源於同安者稱「銀同媽」等稱呼，著名的宮廟有澎湖天后宮、臺南大天后宮、臺南銀同祖廟、北港朝天宮等。不過隨著信仰在地化的演變，較具歷史的媽祖廟因香火興盛進而分香至周圍地區，故有俗稱「大媽」、「二媽」、「三媽」等的媽祖稱號，形成了媽祖文化的信仰圈。

詞·彙·開·講

分靈

「分靈」，又稱「分香」，是指信徒從祖廟中祈求神明分尊（身）、香灰、令牌等代表神明之物，帶回自家或新建寺廟供奉祭祀，並且定期需返回祖廟進香謁祖。臺灣屬移民社會，因此分香與進香的傳統自清以降就非常盛行，顯示出漢人慎終追遠的精神。

三月瘋媽祖

在媽祖的信仰圈中，當媽祖誕辰（農曆三月二十三日）時，依照習俗各地天后宮都會大肆舉辦祭典及進香活動，分靈的廟宇會返回祖廟進香或進行媽祖遶境護佑信徒，俗諺「三月瘋媽祖」，就是形容在此時節各地媽祖廟熱鬧的景象。

近年來臺灣的媽祖慶典活動已成為宗教觀光活動，著名的「大甲媽祖遶境」、「白沙屯媽祖遶境」、「北港朝天宮迎媽祖」等，吸引上萬信眾踴躍參與，媽祖信仰不僅已是國家所認定的重要民俗活動，聯合國教科文組織也將媽祖信仰列入無形文化資產，成為了世界重要民俗文化之一。

臺中萬和宮

萬和宮又稱「犁頭店聖母廟」，犁頭店原為巴布薩平埔族貓霧捒社分布之聚落，此地區是彰化平原進入臺中盆地之要衝，因此吸引大量移民聚集，是臺中市最早形成的市街，也是周圍拓墾者聚落的交易中心，因此打製犁頭的農具店鋪群聚於此，故稱「犁頭店街」。

萬和宮創建於一七二六年（清雍正四年），目前的建築空間為三開三進兩廊兩護龍的格局，萬和宮的歷史悠久，保存著許多重要的文物與民俗。

例如清朝時期的匾額、香爐，其中又以一七二七年（清雍正五年）的「福蔭全臺」匾最為著名，而老二媽西屯省親遶境、字姓戲與犁頭店特有的端午節穿木屐躦鯪鯉等民俗活動都是重要的文化資產。

地址：臺中市南屯區萬和路一段五一號

彰化南瑤宮

南瑤宮又稱「彰化媽祖宮」，創建時間為乾隆年間，南瑤里舊名「南窯」，因北邊為一築窰燒瓦的「瓦磘莊」而得名，昔日位於彰化縣城南門外，因與縣城內的「天后宮」相對，又被稱作「外媽祖」。因是笨港天后宮的分靈，故須回笨港進香，在清朝時期是每四年進香一次，現已改為年年舉辦，信徒們會組成媽會，輪辦笨港進香活動及重要祭祀事宜，現存仍有老大媽會、老二媽會、興二媽會等多個媽會組織。

經過多次的重修改建，南瑤宮的建築特色是一混雜著閩南、日式與北方風格的建築群，最特殊者為奉祀觀音佛祖的後殿，是一參雜西洋風格的日式建築，有歇山重簷的屋頂、閩南建築的構架，並有街屋露臺的設計與歐風柱廊的外貌，又在一九七〇年代與建凌霄寶殿及左右的香客大樓，成為了目前的廟貌。

地址：彰化市南瑤里南瑤路四三號

雲林北港朝天宮

又稱「北港媽祖廟」，媽祖神尊是由臨濟宗禪師樹璧法師在一六九四年（清康熙三十三年）自湄洲天后宮所恭迎來臺，廟宇創建於一七〇〇年（清康熙三十九年），屬國定古蹟。

由於朝天宮是由佛教臨濟宗禪師所主持的寺廟（現已改由管理委員會管理），因此祭祀儀典採用佛教傳統，並且與佛教寺院的關係密切，如臺南竹溪寺、臺南開元寺、高雄元亨寺等，都是與朝天宮相關的佛教法派系統。

從朝天宮分靈建立的廟宇，除了臺灣之外，在中國、美國、南非等地都可見，因此做為媽祖出巡的駕前護衛「莊儀團」（千里眼順風耳爺會，簡稱千耳眼爺會），也成立了世界各地的分團，每年都會回到北港參與媽祖的遶境活動。

地址：雲林縣北港鎮中山路一七八號

臺南祀典大天后宮

大天后宮原為明寧靖王朱術桂王府，在一六八四年（清康熙二十三年）改為天后宮，到了一七二〇年（清康熙五十九年），下詔臺南天后宮春秋二季舉行祭祀，並編入祀典，每月農曆初一、十五有官祭活動，此即「祀典大天后宮」名稱之由，也是臺灣最早的官建祀典媽祖廟。

現今廟宇空間格局為三開間四殿兩廊式的配置，被列為國定古蹟。大天后宮的供桌上有個神明爐是臺灣知府蔣元樞所鑄的銅方鼎，另在臺南孔廟禮器庫也可見相同形制的方鼎，其形制與紋飾都有其特殊性。

在正殿中，懸掛有清皇帝御賜的「輝煌海澨」（康熙）、「錫福安瀾」（雍正）、「佑濟昭靈」（乾隆）等匾額，有些是後人所重製的。正殿的媽祖神像現為金面媽祖，事實上之前因被香火燻成黑面媽祖，而在二〇〇五年因地震損傷進行修復後，才還原成如今所見的金面媽祖像。

地址：臺南市中西區永福路二段二二七巷十八號

高雄旗津天后宮

又稱「旗後天后宮」，創建年代為一六七三年（明永曆二十七年），現今的廟貌是一九四八年所修建而成。

旗津天后宮是由漁人徐阿華在捕魚時遭遇颱風躲至旗後避難，發現此地適合捕魚，於是邀請洪、王、蔡、李、白等六姓族人共同移民落户以捕魚為業。族人們為感謝媽祖的護佑，邀集眾人捐款建廟，是高雄市最古老的媽祖廟。

空間格局是前殿、後殿各一間，左護龍兩間、右護龍兩間，以拜亭連接前、後殿。旗津天后宮保留了許多清代廟宇樣貌，例如有保存光緒十二年（一八八六年）的古鐘、以及許多清代的神像、楹聯、匾額、碑記、神轎等重要文物，門神、壁畫等彩繪則是由名匠師陳玉峰所繪製。

地址：高雄市旗津區廟前路九三號

廟·宇·巡·禮

臺東天后宮

天后宮原址為臺東市的東禪寺，然一九三〇年的地震造成建築受損，故遷建至現址。廟體現為鋼筋混凝土結構，空間為兩殿兩廊兩護室格局。

臺東媽祖信仰的來源與大庄事件（或稱呂家望事件）有關，一八八八年八月二日東部漢人移民與臺東、花蓮十二庄的平埔族（多集中在臺東關山、池上與花蓮富里一帶），聯合卑南族呂家望社，共同反抗清朝政府卑南墾撫局雷福海等官員的壓榨與欺凌婦女，清軍動員了兩千多位兵力才將抗爭平息，而提督張兆連為提升駐軍官兵的士氣，以及籠絡漢人移民，在一八八九年倡議建設媽祖廟，光緒皇帝更賜與「靈昭誠佑」匾，天后宮便成為臺東唯一的官建媽祖廟。

臺東每年元宵節都會進行神明聯合遶境活動，由天后宮與海山寺聯合主辦，而「炮炸寒單爺」是慶典的重頭戲，是臺東重要的民俗文化資產。

地址：臺東縣臺東市中華路一段二二二號

澎湖天后宮

澎湖天后宮是全臺灣歷史最悠久的「媽祖廟」，也是澎湖重要的國定古蹟。廟體經過多次興修，目前樣貌與格局奠基於一九二二年的重建，供奉的媽祖神像為金面媽祖，面容慈善、雍容華貴。

廟內有號稱臺澎第一碑的「沈有容諭退紅毛番韋麻郎等」碑，這是在一六〇四年（明萬曆三十二年），荷蘭東印度公司為了在東亞地區建立據點，因佔領澳門失敗後轉往澎湖群島登島成功，而韋麻郎司令官派遣使者到福建請求開放貿易，但明朝政府卻無意開放，於是委派沈有容率兵驅趕，韋麻郎等人迫於情勢，只好離開澎湖，明政府為了表彰沈有容的功蹟故立此碑紀念之。

在天后宮正殿的後方，另保存了技藝精湛的擂金畫，雖較少人注意，卻是難得一見的重要工藝。

地址：澎湖縣馬公市長安里正義街一號

玄天上帝

神・明・小・檔・案

誕辰：農曆三月三日

職司：水神、北方之神、降妖伏魔之神

重要宮廟：臺南北極殿、臺南新化玉井的北極殿、梧棲真武宮、高雄左營元帝廟、臺南開基靈佑宮、南投松柏嶺受天宮

星宿崇拜

玄天上帝，又可稱玄武大帝、真武大帝、上帝公、上帝爺、北極大帝、元天上帝等稱號，玄武崇拜起源於星宿崇拜，是北極星的象徵。中國的傳統方位，是依據星宿分為四方，以北方玄武、南方朱雀、東方青龍、西方白虎四種靈物為代表，玄武原先是靈龜的別稱，但到了西漢末年，演變成為「龜蛇合體」的造形與意涵，此緣由可能與星宿形狀或圖騰崇拜的轉化有關。

道教興起後，將玄天上帝納為道教神明的系統，並創造出玄天上帝的成神理論，將玄武從星宿的自然崇拜轉化為降妖伏魔的人格神，以及結合了陰陽五行的觀念，即金、木、水、火、土之五行對應到五方、五色的理論，玄武代表北方，屬水德，水對應的顏色為黑色，故玄天上帝也成為北方黑帝。

在宋代的《玄天上帝啟聖錄》一書中，清楚記載著玄天上帝「腳踏龜蛇」、「披髮徙足」的形象，以及收妖驅魔的事蹟，這是玄天上帝的人格形象具體化的表現，也是神像造形的來源。

玄天上帝在中國

有趣的是，東漢時期佛教傳入中國後，玄天上帝又增加了一個身分，由玉帝的魂魄化身為淨樂國的王子，並且成道的故事與釋迦牟尼佛相似，在七歲時就能精通經典，知曉天道，十五歲時則放棄王位的繼承權，辭別父母到山上修行，修行成道之地，即為之後道教的聖山—「武當山」。武當山原本是道士們聚集修練之處，但受此故事的影響，因而成為了玄天信仰的發源地。

玄天上帝信仰在宋代時期，因避諱聖祖趙玄朗之名，改稱為「真武大帝」，在宋真宗的崇奉下，不僅提高了玄天上帝的神格，也因《真武啟聖記》、《玄天上帝啟聖錄》等書的出版，與真武相關的經典及故事大量出現，種類豐富且多元。到了明代，明成祖更將真武帝推崇為護國之神，並列入官方祀典，使得此信仰達到另一高峰。

玄天上帝到臺灣

至於臺灣的玄天上帝信仰，則延續著明代信仰的傳統，隨著鄭成功帶領的明兵與閩粵移民們遷移而來，鄭成功來臺後設立了真武廟（今臺南北極殿），在官方的提倡下，玄天信仰成為了臺灣主要的民間信仰之一。

臺灣民間不僅將玄天上帝視為航海人的守護神，也是降伏邪道、收斬妖魔的神明，而有關玄天上帝成道的傳說，則增加了屠夫的版本，主要的故事架構為屠夫受觀音感召，自覺罪孽深重，因此自剖腹肚，翻出內臟以洗淨罪孽，不料胃、腸竟變為龜、蛇精作怪於人間，玄天上帝便下凡收服它們，龜、蛇精之後則化為左右護法輔佐上帝爺，因此玄天上帝常見的形象就是左足踏龜，右足踏蛇，右手持斬妖驅邪的法器—七星劍，左手比太極指象徵伏魔。

腳踏龜蛇是玄天上帝的特徵

臺南北極殿

臺南北極殿主祀玄天上帝，俗稱「大上帝廟」，而位於民族路二段的開基靈佑宮，則俗稱「小上帝廟」。此地又稱鷲嶺，即臺南老城區中地勢最高處，因此臺南有句俗諺「上帝廟埣墘，水仙宮簷前」，反映出府城由鷲嶺往西漸低之地理特徵。

北極殿被列為國定古蹟，建築有幾項特點，如廟內的支柱皆為黑色，非一般廟宇用的紅色或龍柱；又正殿供奉鎮殿上帝神像的神龕雕刻華麗繁複，宛如小宮殿一般；以及保留名畫師潘麗水的壁畫等。

知名的文物有明寧靖王朱術桂的「威靈赫奕」古匾、大上帝銅製大公爐主佛、一八三七年（清道光十七年）的石香爐與銅鐘等，都是參訪祭拜北極殿時可特別注意的珍貴文物。

地址：臺南市中西區民權路二段八九號

水仙尊王

神・明・小・檔・案

誕辰：農曆十月十日

職司：水神、海神

重要宮廟：臺南水仙宮、嘉義笨港（新港）水仙宮、澎湖馬公水仙宮（臺廈郊會館）

主神大禹

臺灣的水仙宮多興建於清領初期（十七世紀晚期至十八世紀），地點集中於重要的渡口或港口，水仙宮祭拜的神明可分為一尊主神或五尊神像並祀。

不論供奉的神明為一尊或五尊，主神大多為大禹，這與大禹治水的功績有關。

《史記》記載大禹因治水，居外十三年，過家門不敢入，克服了環境的挑戰，終於完成開發九州土地，疏濬九條河道，修治九個大湖，度量九座大山的功業，於是舜帝將禹推薦給上天，讓他成為帝位的繼承人。大禹治水有功，造福百姓，故成為水神，而在民間信仰中他也是三官大帝之一——水官大帝，職司消災解厄。

水仙尊王成員組合

水仙尊王信仰較常見的是五尊神像並祀，除了大禹之外，另外四位則依廟宇有不同的解讀，

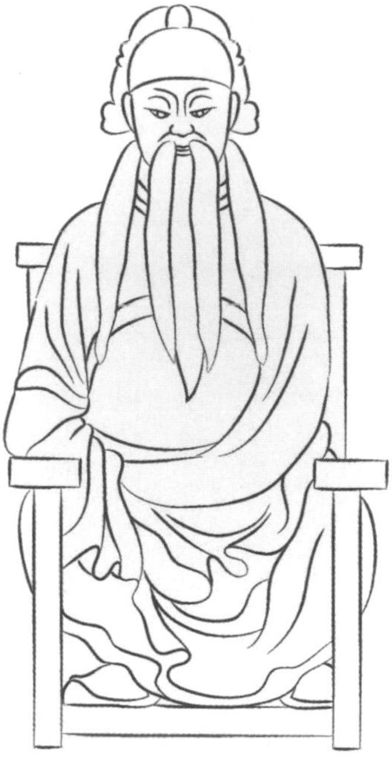

水仙尊王主神多為大禹

成員組合也有不同，然較為普遍的版本為大禹、伍子胥、屈原、王勃、李白等五位，或是前三位相同，後二位則換為項羽與寒奡。然而不論五尊神明的組合為何，這五位水仙尊王之中除了大禹為水官大帝之外，其餘四人都是死後落水或溺水而亡的水鬼之後轉化為水神的身分。

神·明·小·知·識

常見的水仙尊王

大禹：治水有功，造福百姓，成為水神。
伍子胥：春秋時期楚國人，被吳王夫差賜死，屍體被拋入江中。
屈原：春秋時期楚國人，跳汨羅江自盡以表忠貞。
王勃：唐代詩人，在旅途中溺斃。
李白：唐代詩人，被稱為詩仙，因失足落入河中溺死。
項羽：楚霸王項羽，因敗於垓下之戰而自刎於烏江。
寒奡：《論語》記載的人物，善於水性。

例如伍子胥和屈原都是春秋時期的人物，兩位皆為憂國憂民的忠臣，但卻遭奸佞陷害，伍子胥被夫差賜死，將其屍體拋入江中，屈原則是跳汨羅江自盡以表忠貞；王勃與李白為唐代的代表詩人，但王勃不幸在旅途中溺斃，李白因失足落入河中，不幸溺死。而項羽因敗於垓下之戰決定自刎於烏江，寒奡是《論語》記載的人物，據聞他善於水性，故被視為水仙王之一。

上述這些歷史人物，死因都與水有關，民間感念他們的人格，故建廟奉祀，使他們成為了水神。

在臺信仰發展

隨著唐山過臺灣，水神也成為了海神，信徒以船員、水手為主，他們視水仙尊王為守護神。，在渡海遭遇風浪時，流傳一種「划水仙」的習俗。

郁永河《採硫日記》中記載：「划水仙者，眾口齊作鉦鼓聲，人各挾一匕箸，虛作棹船勢，如午日競渡狀。凡洋中危急，不得近岸則為之。」生動描述船員們以呼喊鑼鼓聲，並作勢龍舟競賽的划槳方式來祈求水仙王的護佑，希望能在風浪中化險為夷並安然到岸。

除了船員之外，臺灣水仙尊王的信仰發展與郊商有密切相關，從事進出口貨物買賣的郊商依存著港口與海上經貿，為求風調雨順，各地郊商大都祈求水仙尊王的保護。

例如澎湖馬公的水仙宮由臺廈郊所捐資興建，也稱臺廈郊會館；嘉義笨港（新港）水仙宮是由金興順、金和順、金晉順等古笨港郊商與船戶所合資創建；臺南的水仙宮廟早期是臺南三大郊商：北郊、南郊與港郊，三郊的辦事處，廟務與郊商活動密切結合。

由此可知，郊商的興盛也往往影響著水仙宮的變遷，廟宇附近通常會形成商業中心，但隨著港口功能的衰退，宮廟的發展也因此受到了限制。如笨港溪（今稱北港溪）的氾濫使得河道改道，笨港水仙宮同遭洪水之災；又臺南水仙宮原先建於當時府城的西安坊港口，屬於水陸交通必經之地，不過因廟前河道日漸淤積，無法行船後，乃填土整地，作為水仙宮的廟埕，如今隱藏於市場之中的水仙宮則是日治時期之後的所形成的。

詞·彙·開·講

郊商

「郊商」類似今日的同業工會或進出口商會。清領台灣時期，由於閩粵兩地與臺灣貿易頻繁，為了避免商業紛爭，維持交易秩序，故同業商人或進出口商人共同組成商業組織，稱為「行郊」。依時間可分為兩大類，早期是以貿易地區為名稱，例如臺南府城的北郊（貿易地為中國上海、天津）、南郊（貿易地為廈門、汕頭、香港）；鹿港的泉郊（以泉州為貿易地）、澎湖的台廈郊（台灣、廈門）等；後期隨著貨品數量日益增加便逐漸形成以商品類別組織的郊商，例如「米郊」、「糖郊」、「布郊」等。然而自一八六〇年臺灣開港後，郊商地位則逐漸被外國洋行與買辦所取代。

四海龍王

神·明·小·檔·案

誕辰：農曆十月十日
職司：水神、海神
重要宮廟：臺南大天后宮、安平開臺天后宮

龍崇拜的歷史發展

東、西兩方文化都有龍崇拜的傳統，不同於西方的龍具有邪惡的象徵，中國文化一直將龍視為崇高的靈獸，考古學家發現，距今約五千年至六千年前的紅山文化就已發現到類似龍形象的玉器，證明龍崇拜的歷史已流傳數千年之久。

由於龍的形象非一般的生物，因此有關龍形象的起源有許多的說法，目前較具影響力的說法是從蛇的造形轉化而來，如許慎《說文解字》中，將「龍」解釋為「鱗蟲之長。能幽能明，能細能巨，能短能長，春分而登天，秋分而潛淵。」描述出龍身有鱗、身軀可細可寬、可長可短，並具飛天與潛水的神力。

從歷史的發展來看，中國龍文化的演變可分為圖騰崇拜、神靈崇拜、龍神與帝王崇拜結合，最後是與佛教文化結合的階段。在龍神崇拜階段中，人們奉龍為水神，認為龍神能夠呼風喚雨，例如傳統民俗節日中農曆二月初二稱為「龍頭節」，又稱「龍抬頭」，相傳在此日向龍神祈求降雨，就能讓農民五穀豐收。唐代以後，龍神信仰逐漸與海神信仰結合，並加入了佛教天龍八部的概念，因而成為四海龍王的信仰。

四海龍王的故事

龍王崇拜在明代時被寫入小

說與戲曲之中，例如在《封神演義》中描述到四海龍王分別為東海龍王敖光、西海龍王敖順、南海龍王敖明及北海龍王敖吉，哪吒三太子還曾到東海玩耍時得罪了東海龍王。

另外在《西遊記》中也寫到關於四海龍王的故事，龍王的名字則有所不同，書中的四位龍王稱為東海龍王敖廣、南海龍王敖欽、西海龍王敖閏、北海龍王敖順，其中孫悟空的金箍棒就是從東海龍王手中得來的。

龍首人身、身穿官袍的龍王

民間認知的四海龍王，大多就來自這些小說與戲曲的故事，形象為龍首人身，身穿官袍，統御著魚、蝦、蟹等海中族類，因此漁民們每次出海捕魚前，都誠心祭拜，祈求能平安且滿載而歸。由此可知龍王職掌工作涵蓋了陸上的祈雨，農民的耕作，以及海上漁民的捕撈作業，海、陸兩方皆為其管轄的範圍。

臺灣的龍王信仰

臺灣現今並無專祀龍王的廟宇，不過從清代的臺灣方志中得知，當時在臺灣的龍王廟至少有八座，分布在臺南、大甲、彰化、鳳山、澎湖等沿海地區，如今皆已不存。而臺灣最早的龍王廟，始建於清康熙五十五年（一七一六年），位於臺南府城，但在日治時期廟宇被官方所徵收，龍王神像則移祀到臺南大天后宮供奉，現仍保存於大天后宮中。

王爺公

神・明・小・檔・案

誕辰：依據每尊王爺而有不同
職司：驅除瘟疫、驅邪除穢
重要宮廟：雲林馬鳴山鎮安宮、臺南南鯤鯓代天府、臺南西港慶安宮、屏東東港東隆宮

起源故事

臺灣民間信仰中，以王爺信仰最為普遍，據官方一〇二年十一月的統計，全臺總計有一千六百二十八座王爺廟，可以想見其分布範圍之廣與神明系統之複雜性。

據研究指出王爺公的類別，可大致分為瘟神類、歷史人物類、近代有功成神類、陰神升格類與其他類王爺等，在《臺南王爺信仰與儀式》中彙整出各類別代表的王爺有：

一、瘟神類，如十二瘟王、五瘟神信仰，五瘟神轉化為五福大帝、五府千歲的信仰。

二、歷史人物類，重要歷史人物因人格或功績被供奉為王爺，如岳飛（岳府王爺）、鄭成功（開臺聖王）等人。

三、近代有功成神類，因在世時對廟宇、地區或家族有貢獻而受後代奉祀者，如臺南大灣國聖宮的謝府千歲謝水藍（日治時期在大灣開設醫院，懸壺救世，受鄉民愛戴，被作為聚落守護神）。

四、陰神升格，指的是原屬陰廟的有應公、大眾爺被奉祀後，因神蹟展現而升格為王爺的神格，例如廖添丁本是作為義民忠魂祭祀，不過在信眾增加之下晉升為「廖府千歲」。

五、其他類別王爺，包含有戲曲守護神的西秦王爺、田都元帥，自然神崇拜的樹王公、石頭公（石府千歲）等，器物神則屬於泛靈崇拜，如灶有灶神、門有門神等神明。

臺灣的王爺信仰

王爺信仰在臺灣盛行的原因，可從臺灣的開拓史談起。最初先民渡海來臺時，會隨身帶著家鄉所奉祀王爺的香火或神像，如客籍的三山國王、南安縣的廣澤尊王、漳州的開漳聖王等家鄉守護神。

定居臺灣開墾後，因沿海地區氣候潮濕，衛生環境不佳，造成瘟疫橫行，故興起崇祀瘟神的信仰以祈求能消災避禍，於是將中國的瘟神傳說，與華南沿海地區造王船、送瘟神出海的習俗傳入臺灣，之後又在王爺神蹟顯現的傳說影響下，信眾日漸增加，並從祖廟分靈至各地建廟奉祀，王爺信仰也隨著信眾分布於全臺各地。

五府王爺最為普遍，圖為吳府王爺

從上述王爺公的類別可知，除了第五類其他類別之外，皆為人格神，有各自的成神傳說，然而大部分的王爺只有姓氏沒有名字，較常見的為：朱姓、池姓、李姓、王姓、范姓等。

祭典

王爺的祭典是臺灣民間的重要節日，各地祭典的日期不一，大致可分為三大類，第一類以五府千歲為主，依據廟宇中王爺的聖誕日舉行祭典，如臺南的南鯤鯓代天府；第二類是四年舉行一次大型祭典者，稱為祈安清醮法會，以雲林馬鳴山鎮安宮的五年千歲為代表；第三類為舉行驅逐瘟疫的王船祭典，儀式為燒王船或送王船，如東港迎王平安祭典與西港慶安宮燒王船最為著名，每三年舉辦一次。

神·明·小·知·識

數尊王爺合祀

王爺廟雖然也有專祀單尊的神明，但常見的是採取數尊合祀的方式。

依信奉的王爺公數量，有二、三、五、七王爺廟等，其中以三府王爺與五府王爺的信仰最為廣泛。

三府指的是朱、李、池府；五府指的是朱、李、池、范、吳府王爺。

詞·彙·開·講

送王船、燒王船

王船又稱「王爺船」、「神船」。送王船是王爺信仰中的送瘟儀式，象徵著「驅逐瘟疫」，此儀式盛行於臺灣西南沿海地區，儀式可分為兩種，一是放王船下水出海，稱為「遊地河」；另一是將王船放火焚化，稱為「遊天河」，即「燒王船」。

南鯤鯓代天府

奉祀五府千歲，即李、池、吳、朱、范五尊神明，俗稱五王，是臺灣王爺信仰的總廟，分靈廟宇達二萬一千餘間。創建於一六六二年（明永曆十六年），而在一八一七年（清嘉慶二十二年）遷建於槺榔山（今廟址），今日主廟係一九二三年至一九三七年擴建而來。全廟園區占地三十餘公頃，分為古廟區、槺榔山莊區、大鯤園文化園區、禪房區、花園遊憩區、凌霄寶殿區。

宮廟建築主體五開間、五大殿、兩護室的空間格局，古廟建築的交趾陶、石雕、彩繪等裝飾技藝精緻典雅，被核定為國定古蹟。

南鯤鯓代天府五府千歲進香期亦被列為國家重要民俗，每年有四大進香期，進香場面壯觀且熱鬧，不僅是全臺陣頭與乩童大會串的時候，也吸引了數萬香客聚集此處。

地址：臺南市北門區鯤江里九七六號

高雄代天宮

代天宮為王爺廟，主神分靈自南鯤鯓代天府的五府千歲，以及蚵寮保安宮的深山尉池王爺和清水祖師，一般被稱為哈瑪星大廟、暱稱蚵寮廟，落成於一九五四年。

哈瑪星是日人為擴建打狗港，填海造陸後規劃出的新市街，名稱源於日語はません（Hamasen），意為「濱線」，指的是當地有兩條連接漁港、商港的濱海鐵路。此地因緊鄰港口，漁貨批發與漁產品製造業興盛，有許多來自臺南北門、蚵寮、安平等地的漁民移民至此，並將家鄉信奉的王爺信仰帶入哈瑪星。廟址所在地在日治時期曾經是高雄市役所（高雄市政府），之後改為雙葉國民學校，戰後奉王爺指示下，興建成為代天宮。

知名彩繪畫師潘麗水曾受聘進行代天宮的興建工程，創作出許多傑出作品，如門神、壁畫、泥塑、浮雕、樑坊畫等，於是代天宮被譽為潘麗水的彩繪博物館。

地址：高雄市鼓山區鼓波街二七號

屏東東港東隆宮

東隆宮主祀溫府王爺，歷經幾次興建，於一九七七年重建為目前的規模，工程歷時七年，其建築特色之一是入口處豎立在廟埕前的三川牌樓，金碧輝煌且雄偉壯觀，而廟埕的左邊有王船停泊屋與王船大爺，象徵著王船在迎王祭典的神聖性。

東港迎王平安祭典每三年舉行一次，時間大約在農曆九月，「迎王」意指迎接五位代天巡狩的王爺，進行驅除瘟疫、消災解厄的儀式，整個祭典分為十三項程序步驟，包含有角頭職務輪任、造王船、中軍府安座、進表、設置代天府、請王、過火、出巡遶境、祀王、遷船、和瘟壓煞、宴王、送王等儀式，祭典往往要費時一週以上，最後的送王儀式就是將王船移至海邊，在數萬名信眾的見證下，由主祭官點燃王船，象徵著把王爺送回天府，也宣告了祭典的落幕。

地址：屏東縣東港鎮東隆街二一之一號

宜蘭碧霞宮

又稱「岳武穆王廟」，主祀岳飛，是臺灣少數主祀岳飛的廟宇。碧霞宮屬於宜蘭的鸞堂系統，也是儒教的恩主公信仰，武穆王就被奉為五恩主之一。

宜蘭鸞堂群包含醒世堂、鑑名堂、新民堂、喚醒堂、坎興堂等，其中坎興堂主祀武穆王，在陳祖疇、楊士芳等人的號召下，坎興堂與勸善局合作建廟，廟體落成於一八九九年，取名「碧霞宮」是擷取「碧血丹心望曉霞」之意。

岳飛的聖誕日為農曆二月十五日，碧霞宮每年固定舉行祭岳慶典與「武佾舞」，此儀式是參考孔廟的釋奠禮，現已成為了當地特殊的傳統民俗。在碧霞宮北側有楊士芳紀念園區，除了感念其創廟的辛勞，也是以此紀念這位蘭陽的唯一進士。

地址：宜蘭市城隍街五二號

福德正神

神・明・小・檔・案

祭日：每月的初二和十六兩天
誕辰：農曆二月二日
職司：土地神、財神
重要宮廟：屏東車城福安宮、南投竹山紫南宮、基隆獅球嶺平安宮

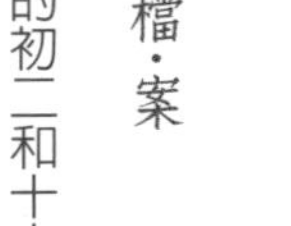

土地神崇拜

福德正神即俗稱的土地公，是民眾熟知的神明，雖然神格並不高，卻與人民生活息息相關，成為臺灣民間最普遍的信仰之一，事實上土地神原為自然崇拜，隨著時間演變才轉為人格神的崇拜。

在農業社會中，土地是萬物的母親，老百姓為報土地之恩德，故形成土地神崇拜的信仰。

根據《說文解字》、《史記》中的記載得知，「社」代表土地之主，歷代天子建「社」來祭祀大地，感謝大地賦予的恩澤，「社神」即中國的土地神，從夏、商時期就已有社祀活動的記載。

社神信仰與民間傳說結合後，加入了人格化的形象，使得土地神成為老百姓日常生活最為親近的神明。

臺灣土地公信仰發展

臺灣的地形特色是山多平原少，開墾不易，民間為表示對土地的敬意，興起祭拜土地公的習俗，祈求土地公准許開墾並庇佑開墾順利。

清領初期西南沿海並無完善的灌溉系統與農業設施，作物收成困難，因此農民亟需仰賴土地神的護佑，希望能風調雨順，五穀豐收。

除了開墾之外，清代各族群因爭奪地盤，爆發漳泉械鬥、閩粵衝突等問題，所以鄉民們也求助土地公，期望地方能諸事平安，以求安居樂業。

因此在民間信仰中，土地公被視為地方的守護神祇，管轄範圍從最小的聚落到鄉鎮村里，類似現今的村長、里長，臺灣諺語「田頭田尾土地公」就是說明了土地公遍布鄉野各地與民間的各角落。

土地公的各種形象

在職務上，土地公隨著人民生活的演變，也新增不同的稱號，包含有財神、山神、家神、墳墓守護神、開路神等。

特別是財神，所謂「有土斯有財」，土地公常被作為財神崇拜，因此在形象上，常見的土地公塑像為一手持金元寶，一手持如意或拐杖，面貌豐頰具福壽相。

另外在臺灣民間，土地公也有石頭公、神位牌、香牌、墳塚式伯公壇（客家土地公）等不同形象表現。

客家人的「伯公」

客家土地公的信仰文化，與一般閩南人又有所不同，客家人稱土地公為「伯公」（意旨祖父的哥哥），將土地公視為家族的

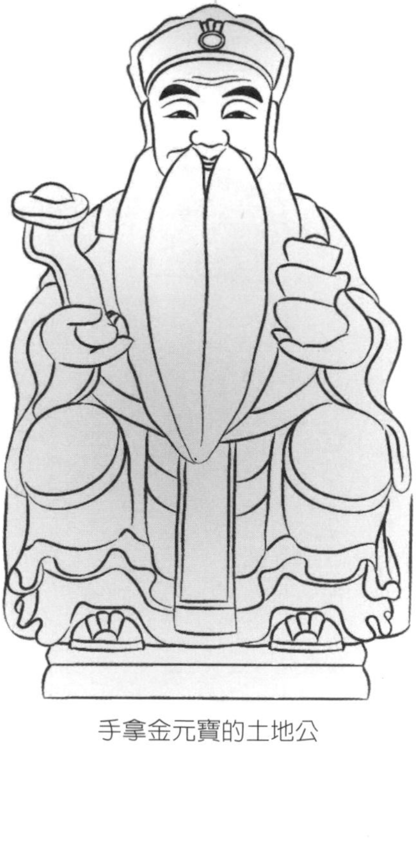

手拿金元寶的土地公

一份子。

而伯公並無特定的造形，大多以土堆、石頭或大樹表示，因此坐落於田間如墳墓形的伯公壇就成為客家庄的特殊景象。

臺灣民間相當重視土地公的祭祀，祭拜土地公叫做「做牙」，農曆每月的初二和十六兩天為土地公的祭日，民間商家都會在這兩日準備祭品祭拜土地公，以祈求保佑商家生意興隆。農曆二月二日相傳是祂的誕辰，稱作「頭牙」，農曆十二月十六日，為一年最後一次「做牙」，故稱為「尾牙」。

神·明·小·知·識

土地婆

有些土地公廟會配祀土地婆，其造形會隨土地公相貌而有所不同，大多具有夫妻相。

雖然在民間傳說中，土地婆的形象不佳，但神像造形上大多呈現中國傳統婦女的形象。

詞·彙·開·講

為什麼祭拜土地公叫做「做牙」？

做牙又稱為「做迓」、「迓禮」。臺灣民間將土地公視為財神，因此商家每月初二、十六日都會準備牲禮祭拜土地公，以祈求生意興隆，財源廣進，即為「做牙」。

此傳統的起源有多種說法，例如祭旗禮、商業習俗等，而臺灣民間常見的說法是起源於古代的商業交易習俗，「牙」是指交易仲介人，唐宋時期稱市場交易仲介人為「牙人」，「牙儈」等，若開設商行的則稱為「牙行」，收取的佣金為「牙錢」，牙行每月初二、十六會提供夥計肉食，即為牙祭。

城隍爺

神·明·小·檔·案

誕辰：各地不同
職司：陰間司法官、城郭守護神
重要宮廟：臺南城隍廟、臺中城隍廟、新竹城隍廟、臺北霞海城隍廟

保護人民的城郭崇拜

城隍即城牆與護城河，中國古代建城不易，城郭被視為政治的中心，不僅具有君主崇高的象徵，也有禦敵、保護人民安全的功能，因而將城隍作為神明崇拜。

《禮記》記載：「「天子大蜡八，水庸居七。」

蜡（音札）為天子所舉行的祭禮，「水庸」的水指「隍」，庸指「城」，由此可知祭祀城隍最初是天子奉祀的傳統，屬於官祀之一。

官員拜城隍後才能赴任

信仰發展至宋代時，民間也能祭祀城隍爺，在明代初年城隍爺則有階級制，明太祖朱元璋封府城隍為公爵，稱號為「威靈公」；州城隍為侯爵，稱號為「綏靖侯」；縣城隍為伯爵，稱號為「顯佑伯」。

清代時更下令從都城、省、府、廳到縣一律都要建廟供奉城隍爺，把祭城隍爺列為正式祭典，由政府派官員主祭，地方新官上任時，必需到城隍廟祭拜後才能赴任。

如在《續修臺灣府志》中，記載：「康熙五十三年，調知臺灣縣。甫下車，立三誓於城隍廟。三誓者，毋貪財、毋畏勢、毋循人情也。」這是時任臺灣知縣的余兆岳就任時的誓詞。

臺灣的城隍爺信仰

臺灣的城隍廟，除了官設之外，民間亦建廟奉祀，早期大多是隨閩粵移民從原鄉移入的分靈。

清代在臺灣官設的城隍有澎湖廳城隍、臺灣府城隍、臺北府城隍、鳳山縣城隍等，其中澎湖廳的城隍原是設在官府之中，為了讓民眾也能祭拜城隍爺，又在馬公街另建一座城隍廟，因此也有出現一個行政區有兩座官設城隍廟的情況。

而現今臺北大稻埕著名的霞海城隍廟，事實上為民間奉祀的城隍廟，由當時福建泉州府同安縣的移民所傳入，原先傳入地點為艋舺地區，然因在清咸豐三年（一八五三年）發生「頂下郊拚」，頂郊人（晉江、惠安、南安人）擊退下郊人（同安人），逼迫同安人遷往大龍峒與大稻埕地區，霞海城隍爺也隨之移至大稻埕。

又如彰化鹿港的城隍廟，相傳是清代中葉由泉州移民自泉州府晉江縣的石獅城隍廟所分靈而來，民間傳說因當時有商人財物遭竊，查無線索，故委請原鄉的城隍爺出差到鹿港協助辦案，果然就成功破案，之後信徒便請城隍爺留在鹿港。

多為文官蓄鬍形象的城隍爺

民間相信，若人間無法解決的案件，就需要陰間的力量協助辦案，而城隍爺執掌陰間官府，屬於陰間的司法官，賞善罰惡，明辨是非，故城隍廟中的匾額及對聯就充滿了警世的意味，例如臺灣府城隍爺最著名的「爾來了」匾，馬公城隍廟中的「悔者遲」匾，就是要告誡世人生前不要違法亂紀，否則死後難逃陰間的審判。

城隍爺形象

城隍爺的神像造形，多以文官形象為主，著官服、蓄鬚，有黑面、金面或紅面三種，莊嚴肅穆。

身為地方行政官神格的城隍爺，帶領相關的部屬配祀在其左右，包含有文武判官，牛頭馬面、七爺八爺、陰陽司公、六司官（因清代縣衙中有吏、戶、禮、兵、刑、工六房），也有分為八司或二十四司官，枷爺、鎖爺等，另也有陪祀城隍夫人、城隍公子等家族成員，從祀的神明依各地城隍廟的規模而有所不同。

詞·彙·開·講

「爾來了」、「悔者遲」

「爾來了」是臺灣府城隍廟的著名古匾，懸掛於三川殿正上方，意指「你終於來了」，即來到城隍廟須面對城隍爺的審判之意。

「悔者遲」匾額懸掛於澎湖馬公城隍廟的三川殿中，與另一面「你來了」匾，兩者相互呼應，意喻「你來了，但現在後悔卻已太遲」，即勸人知錯能改要趁早，免得後悔莫及。

嘉義城隍廟

嘉義城隍廟為官祀城隍，由諸羅知縣周鍾瑄於一七一五年（清康熙五十四年）所興建，現況廟宇的本體是一九三六年至一九四〇年（日昭和十一至十五年）間修建的成果，屬於國定古蹟。

配祀神中以周鍾瑄神像最為特殊，神像頭戴官帽，身穿清式官服、胸前佩戴佛珠、手持如意的形制，從面容與穿著來看應是參照周鍾瑄本人所雕刻而成，是諸羅縣民感念其德政，刻像所祭祀之。

城隍廟建築構造都是知名匠師製作，例如大木作匠師王錦木、惠安石匠蔣氏家族的龍柱、石獅，以及陳玉峰的門神彩繪。廟方在二〇一三年為了保存陳玉峰的重要作品（全臺現存十六對門神，城隍廟就有三對），進行門神修復計畫，耗時三年才完成。

地址：嘉義市吳鳳北路一六八號

高雄左營鳳邑舊城城隍廟

高雄左營為清代鳳山舊城所在，一七〇四年（清康熙四十三年）鳳山知縣宋永清於興隆庄修築縣署，直至一七一八年（清康熙五十七年）才有城隍廟體的建造，由知縣李丕煜邀集地方仕紳奉捐所興建而成，然而現今的廟貌是一九六八年時重建的格局。

舊城城隍廟主祀城隍敕封顯佑伯，是官方負責祀典的城隍，每逢有地方官員上任就職，或每月初一、十五日，官員們都必須準時跟城隍爺上香祭拜。

高雄有兩間官建城隍廟，在林爽文事件後，鳳山縣署遷移至新城（今鳳山區），因而在一八〇〇年（清嘉慶五年）於鳳儀書院旁新建城隍廟，於是原先的城隍廟便俗稱舊城城隍廟。

廟宇保存了鎮殿大城隍神像與軟身二城隍神像，軟身城隍爺的頭部為泥塑，總高七尺六寸半，面貌莊嚴肅穆，具有清代神像的造形特色。

地址：高雄市左營區城南里店仔頂路一號

七爺八爺

神·明·小·檔·案

誕辰：有數個版本

（范、謝將軍）農曆五月十三日

（范將軍）農曆五月十八日

（謝將軍）農曆十月一日

職司：陰間司法官的部屬

重要宮廟：臺南城隍廟、臺中城隍廟、新竹城隍廟、臺北霞海城隍廟

司法神不可缺少的部屬

謝必安將軍與范無救將軍就是民間俗稱的「七爺」、「八爺」，他們在臺灣並無主祀的寺廟，但卻是城隍廟、王爺廟、東嶽大帝、青山王廟等具司法神神格的廟宇中不可或缺的要角。

作為司法神的部屬，他們負責護衛神明出巡，並捉拿滋擾民間的孤魂野鬼，以保障老百姓生活的安寧。

三種成神傳說

關於祂們成神的傳說，可分為三種版本，第一版是兩人為唐朝人，是鎮守睢陽城張巡、許遠的部下，兩人被指派出城求援，但不幸謝必安遭到俘虜，被吊死示公，范無救在逃跑時不幸落水溺死，後世為感念兩人的忠誠而被封為護衛將軍。

第二版是兩人為同鄉好兄弟，共同在衙門當差吏，一日因公出差時，時逢傾盆大雨，兩人在橋下躲雨，七爺提議回家拿傘，八爺留在原地等候，但在七爺離開時突然河水暴漲，使得八爺不幸溺斃，七爺取傘返回原地時發現為時已晚，在悲痛自責的情緒下選擇了上吊身亡，上帝嘉許他們義氣深重，故命他們在陰間擔任城隍爺的差吏，專捕邪魔惡鬼。

第三版是謝必安是孝子，卻受朋友牽連而下獄，范無救則是看守監獄的獄卒，得知謝必安的故事後被他的孝心所感動，因而暗自釋放他返回家中探望母親，約定七日內回來，不料謝必安因故耽擱了回監獄的時間，使得范無救因深怕被處分而服毒自殺，死時面部全黑，謝必安獲知此消息後，深感內疚而上吊自盡。

七爺八爺形象特徵

上述的民間傳說是七爺、八爺形象的來源，每逢神明聖誕及舉行醮典時，在迎神的隊伍中常見一高一矮，造形顯眼的「大仙尪仔」（又稱將爺）走在神轎前。

七爺頭戴高帽，帽上寫著

神・明・小・知・識

為何是七爺、八爺？

在城隍爺的部下中，謝必安與范無救的順位是在文判官、武判官與春、夏、秋、冬四季爺之後，故被稱為七爺、八爺，也被稱為大爺、二爺或黑白無常。

七爺瘦長身材，頭戴高帽，吊眼吐舌

「一見大吉」四字，面貌為吊眼吐舌，瘦長身材，身穿白袍；八爺的帽上或手持方牌寫著「善惡分明」，面部黝黑，矮胖身材，身穿黑袍，兩位手上持物常見的有葵扇、鎖鏈、火籤等。

七爺、八爺的「大仙尪仔」的身長大約兩百公分高，長相雖然怪異，卻深受民眾歡迎，祂們頸上懸掛的「鹹光餅」更是老百姓爭相討取的平安餅，

不過民間信仰中的七爺、八爺並不單指謝、范二位將軍，例如彰化白龍庵奉祀的一高一矮的將軍則稱為柳七爺與金八爺，另外在臺南的元和宮白龍庵也稱作盧清爺與韓德爺將軍，這都是與謝、范將軍信仰相關或相似之其他七爺、八爺的信仰。

詞·彙·開·講

鹹光餅

又稱「繼光餅」，據傳是明代將軍戚繼光所發明。餅的形狀為圓形，中間穿孔，類似甜甜圈，是廟會發送給信徒的糕餅，具有保平安的意涵。另外臺灣民間傳統習俗，在嬰兒滿四個月時，家人會購買用紅線串成一圈的鹹光餅，進行「收涎禮」，由長輩依序為嬰兒收涎並祝福孩子平安長大。

東嶽大帝

神·明·小·檔·案

誕辰：農曆三月二十八日
職司：掌管陰間地府之神
重要宮廟：臺南東嶽殿、宜蘭東嶽大帝廟

山神崇拜

「嶽」同「岳」，解釋為「高大的山」。東嶽即泰山，古名「岱山」，位於山東省，是中國著名的五嶽之一，五嶽指的是東嶽的泰山、西嶽的華山、南嶽的衡山、北嶽的桓山及中嶽的嵩山，自古就被視為山神崇拜。

其中以東嶽泰山的名氣最大，原因為秦始皇在此設壇祭祀舉行封禪大典，「封」為祭天，「禪」為祭地，封禪是中國古代統治者舉行的祭天禮典，泰山於是成為中國歷代君主進行朝拜與稟告天神之地。

人格化後的東嶽帝君

道教興起後，東嶽山神被納入道教的神明系統中，祂被視為是盤古的後裔金虹氏，稱東嶽帝君，此為自然崇拜轉為人格化的表現。之後更創造出東嶽帝君的家族成員，家族共有五子一女，第三子炳靈王最著名，祂不僅具山神、雷神的神格也是張天師的護法神，奉祀的廟宇稱為「炳靈宮」。東嶽大帝之女則被稱為泰山娘娘碧霞元君。

陰間的主宰者

東嶽大帝信仰也與陰陽五行之説結合，因泰山位居中國的東方，東方不僅是太陽升起之地，也有萬物重生的象徵，衍伸出東嶽大帝的職能具有掌管生死之權，是陰間的主宰者。

因此在民間信仰中，東嶽大帝被視為是陰間司法神之一，例如《封神演義》描述姜子牙敕封武成王黃飛虎為東嶽大帝，執掌幽冥地府十八重地獄，為管轄陰陽兩界的神明。

這與佛教的陰間思想及閻羅王職責相似，隨著思想與信仰的演變，東嶽大帝也融合了佛教的思想，而成為十殿閻王的上司。

神．明．小．知．識

東嶽大帝與酆都大帝

東嶽大帝神像是身著龍袍，具帝王之相；酆都大帝的表情則是瞠目怒眉，面色威嚴。

酆都大帝是與東嶽大帝相同屬性的神明，也是陰間的司法神，起源於羅酆山的崇拜，羅酆山是道教傳說中的山名，傳為酆都大帝的住所，亦為冥間地獄的入口。由於酆都大帝的職司、管轄範圍與東嶽大帝重疊，故民間常將兩者視為同一神明，但成神的系統有所不同，兩者在神像表現上也有區別，而從位階來看，東嶽大帝的階級較高，酆都大帝屬於副官的角色

具帝王之像的東嶽大帝

開臺聖王鄭成功

神·明·小·檔·案
誕辰：陽曆七月十四日（臺南延平郡王祠）
祭日：農曆十一月十四日（屏東鄭成功廟）
職司：開臺聖王
重要宮廟：臺南延平郡王祠、屏東鄭成功廟

臺灣特有民間信仰

奉祀鄭成功為開臺聖王是臺灣特有的民間信仰，他不僅是臺灣史上重要的歷史人物，也是王爺信仰系統的一環。

鄭成功生於明天啟四年（一六二四年），出生在日本肥前（今長崎縣平戶市），其母親為日本人田川氏，父親為鄭芝龍，七歲時隨父親回到福建泉州。他自小天資聰慧，深受皇帝喜愛，明隆武帝（唐王）為嘉許他，賜國姓朱，名成功，所以後人又尊稱他為「國姓爺」。

鄭成功在明末舉著反清復明的旗幟扶植南明政權，而為了穩固鄭家軍的實力，決定驅逐佔領臺灣的荷蘭人，將臺灣作為抗清的基地。鄭家軍在一六六二年時來到了臺灣，以赤崁（臺南）作為東都，設承天府及天興、萬年二縣，採取寓兵於農的墾殖制度，號召閩南、粵東的民眾來臺開墾，這是官方大規模經營臺灣的開始。

鄭成功是臺灣特有的民間信仰

鄭成功來臺不久卻不幸過世，人民為感念他，首先在府城東安坊建「開臺聖王廟」供奉他（今臺南延平郡王祠），之後在臺灣各地興起許多鄭成功傳說，並且陸續興建了鄭成功廟，如屏東鄭成功廟、臺中國姓廟、南投開臺聖王廟等。

日治後的信仰發展

在日治時期，日本人雖然有崇佛抑道的政策，卻很推崇祭祀鄭成功，因鄭母是日本人，且鄭成功出生於日本，從政治意涵考量，鄭成功信仰可與日本文化產生連結，在日本平戶也建有鄭成功廟，鄭成功的忠烈事蹟可與日本的武士道精神相連結，故日本政府認為鄭成功信仰可轉化為政治性的思想同化，藉此消弭臺灣人的抗日思想與行為，以拉近臺灣人與日本人的距離。

國民政府來臺後，將鄭成功塑造為民族英雄，推崇他的抗清行為，除了將街道、學校命名為「成功」以茲紀念外，也重新整建了鄭成功的祖廟——臺南延平郡王祠，在日治時期此廟被改稱為「開山神社」，並整修為神社樣式，但大部分仍保留原先的福建式建築，國民政府在一九六三年拆除神社樣式，並將廟宇建築改為中國北方宮殿式建築，也就是現今臺南延平郡王祠的樣貌。

詞・彙・開・講

創格完人

清領初期，因政治性的考量，為徹底剷除明朝的殘餘勢力，官方曾經禁止臺灣百姓祭拜鄭成功，民間只能私下奉祀。

不過在一八七四年爆發了牡丹社事件，沈葆楨被派遣與日本進行交涉，沈葆楨來臺後體察民意，認為「鄭氏明之孤臣，非國朝之亂賊」，奏請清廷在臺灣為鄭成功建祠，並且頌讚鄭成功的人格為：「開萬古得未曾有之奇，洪荒留此山川，作遺民世界；極一生無可如何之遇，缺憾還諸天地，是創格完人。」（此對聯可見於臺南延平郡王祠的正殿內）。清廷於是批准了沈葆楨的奏請，在光緒元年（一八七五年）敕封鄭成功為「延平郡王」，諡號「忠節」。

觀音菩薩

最普遍的女神崇拜

　　觀音菩薩與媽祖都是臺灣最普遍的女神崇拜，不同於媽祖起源於福建湄州，觀音信仰則是佛教中國化的表現，在魏晉南北朝時期就已流行，唐代武則天崇尚單尊十一面觀音，宋代流行水月觀音的造像，觀世音菩薩的崇拜則在明清時期最為普遍。

　　在臺灣的觀音菩薩常被稱為觀音佛祖、觀音媽、觀音大士等，基本上有兩個形象：一是佛教化的形象，另一是民間化的形象，前者為佛教系統的觀音形象，是四大菩薩之一（觀音菩薩、普賢菩薩、文殊菩薩、地藏菩薩）；後者為民間信仰系統的觀音形象，被當作一般的神明祭祀，其主要的崇祀場所，可分為觀音廟、觀音亭、巖仔（山中佛寺）與齋堂，這些場所與一般的寺廟相同，分為主祀及配祀神

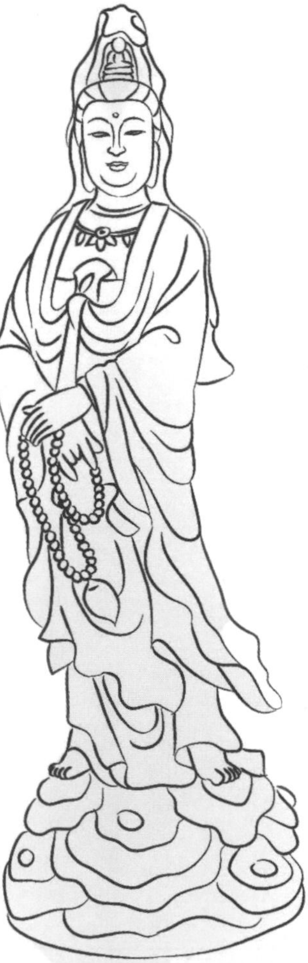

具母性形象的觀音菩薩

神・明・小・檔・案

誕辰：農曆二月十九日（生日）
農曆六月十九日（成道）
農曆九月十九日（出家）

職司：普渡世人

重要宮廟：臺北萬華龍山寺、臺南白河碧雲寺、高雄內門紫竹寺

明，不同於佛教系統的寺院。

東山迎佛祖

民間俗稱的「觀音媽」，由於具母性的形象，因此與媽祖一樣可分為祖廟與分靈廟，其分身也常被稱為大媽、二媽、三媽等，例如臺南白河碧雲寺的觀音媽為祖廟，其分靈在臺南東山碧軒寺（正二媽），每年春節前夕正二媽都會回祖廟過年，稱為東山迎佛祖活動，此習俗已有一百多年的歷史。

而觀音廟中常見的配祀神有善童、良女與十八羅漢，另有配祀韋馱尊者及伽藍尊者作為左右護法，雖然有些觀音廟也供奉佛教中的釋迦牟尼佛、阿彌陀佛、地藏菩薩等佛像，但大部分則是一般廟宇常見的陪祀神明如福德正神、註生娘娘、媽祖、關聖帝君等。

觀音廟一般有三個慶典日，即農曆二月十九日為觀音菩薩的誕辰，農曆六月十九日為得道日，農曆九月十九日為出家日等，有些廟宇甚至增加農曆十一月十九日為慶典日，除此之外，也會舉辦福德正神、關聖帝君、媽祖等配祀神明的祭典活動，顯示出觀音廟中佛道合流的特色。

神·明·小·知·識

獨特的臺灣觀音信仰系統

臺灣民間的觀音信仰是一套獨特的崇拜體系，自成一個信仰的系統，其最大的特色是結合了佛教的慈悲信仰觀念與傳統民間神明的靈感信仰觀念，此特色反映在觀音菩薩的成道傳說之中。

故事大要為興隆國妙莊王第三公主—妙善，自小立志修行學佛，長大後想要出家（又有一說是上山修煉），妙莊王因勸阻失敗，一怒之下竟將她處死，死後靈魂在陰間遊蕩，之後獲神力之助返回了陽間，妙善經過重新修行後終於得道，最後還下到地獄渡化其父妙莊王與母后，其成道的地點相傳為南海普陀山，因此位於杭州灣出口的普陀山就成為著名的觀音道場。

有關觀音菩薩的成道傳說，也被編為戲曲小說之中，如粵劇的《觀音得道》，經由民間文學的傳誦，觀音菩薩的形象因而深入民心。

艋舺龍山寺

龍山寺創建於一七三八年（清乾隆三年），主祀觀世音菩薩，是由晉江、南安、惠安三邑籍的移民迎奉福建泉州安海龍山寺分靈來臺所祭拜，也是艋舺地區的信仰中心。

歷經多次整建，現今所見的空間格局為一九二〇年（日大正九年）由泉州名匠王益順設計建造，寺院格局為坐北朝南，採三進四合院的宮殿式建築，正殿屋頂為歇山重簷式，廟體被列為國定古蹟，其前殿的八角藻井、正殿的圓形藻井與鐘鼓樓轎式屋頂等都極具傳統寺廟建築特色。

龍山寺並保存重要文物如全臺唯一的銅鑄龍柱（三川殿入口處）、寺廟彩繪大師潘麗水壁畫（正殿），前殿的釋迦牟尼佛塑像為雕塑家黃土水的作品（原物燒毀，現物為翻模而成）。副祀的文昌帝君、月老公公、註生娘娘等神明，各個都有許多靈驗事蹟，香火極為鼎盛。

地址：臺北市萬華區廣州街二一一號

鹿港龍山寺

主祀觀音菩薩，與艋舺龍山寺同為泉州移民自安海龍山寺奉請分靈來臺而創建，在一七八六年（清乾隆五十一年）遷建至現址。

空間規模為三進二院七開間的格局，特殊的是進入五門殿後可看到一戲臺的建築，戲臺八卦藻井的設計與結構頗有藝術價值，另外正殿的門神彩繪、書法家楹聯以及後殿保存的磚雕等都值得仔細欣賞，鹿港龍山寺被列為國定古蹟，在傳統寺廟建築中是被公認為匠師經典之作，可謂是寺廟藝術的殿堂。

然在一九九九年九二一大地震時，因位於震央附近而損毀倒塌嚴重，修復經費達二億元以上，金額龐大，所幸獲得民間寶成企業的資助，自二〇〇一年開始進行修復，直至二〇〇八年才竣工，此一古蹟修復工程，其修復時間、規模與經費都創下了臺灣文化資產保存的新紀錄。

地址：彰化縣鹿港鎮龍山街一〇〇號

五福大帝

五瘟使者與成神傳說

五福大帝又稱五靈官、五靈公，是屬於王爺信仰的瘟神系統，起源於中國福州，由於福州地區瘟疫頻傳，當地的居民信奉五瘟使者以求除疫避禍，在信徒增多的情況下，五瘟使者的神格晉升到帝的等級，清代小說《閩都別記》即以五福大帝作為五帝的尊稱。

宣靈宮劉元達

五福大帝是福州地區在地的特殊信仰。不過此信仰並不受到官方的青睞，在清代，官府認為此類信仰是巫術淫祠，曾下令要取締禁止民眾崇拜，《福州太守毀淫祀歌》中就描述了福州的五靈公信仰屬於巫術，民眾因聽信巫言而造成勞民傷財的現象，讚譽福州太守毀淫祠、禁巫術。

關於五福大帝成神的民間傳說，也有許多版本，主要的內容是有五名結拜的書生共同赴福州應試（又一說是結伴出遊），五位分別是張元伯、鍾士秀、劉元

神・明・小・檔・案

誕辰：顯靈公張部：農曆七月十日
應靈公鍾士秀：農曆四月十日
宣靈公劉部：農曆三月三日
揚靈公史部：農曆九月一日
振靈公趙部：農曆三月十五日
職司：瘟神
重要宮廟：臺南白龍庵、北港五福宮、馬祖南竿鄉五靈宮廟

達、史文業及趙光明。

他們在路上看到瘟神施毒於五口井中，想要危害村民，於是五人好意通報村人卻遭到訕笑，無人相信，他們最後決定投井自我犧牲，留下書信警示村人，因而拯救了全村。村民們為感念五人的恩德，為他們建廟奉祀，並尊稱張為顯靈公、鍾為應靈公、劉為宣靈公、史為揚靈公、趙為振靈公，合稱五靈公。

西來庵事件

五福大帝的信仰約在清領時期傳入臺灣，最初是由福州官兵所奉祀，興建了臺南白龍庵（原廟址在日治時期被徵收改為陸軍營舍），因神威顯赫，信眾日漸增加，為方便平民供奉，故興建分靈廟——臺南西來庵。

到了日治時期，西來庵信徒余清芳等人以五福王爺的名號扶乩號召群眾，發動了著名的西來庵抗日事件，使得總督府開始查禁五福大帝信仰，信眾們只能私下奉祀以躲避查禁。二次戰後，五福大帝信仰雖不如以往興盛，但由於此信仰與家將團的關係密切，因此除了以五福大帝為主神奉祀的廟宇之外，其他宮廟若有設置家將團組織的話，都會另外安排一空間（又稱「公館」），安奉家將團的主神五福大帝，這也是此信仰能香火持續的重要原因之一。

詞·彙·開·講

八家將

八家將是五福大帝的部屬，臺灣最早的家將團就是發源於臺南的白龍庵，之後影響至城隍廟、王爺廟、東嶽大帝廟等具有司法神性格的廟宇，也都設立有家將團的組織。

八家將組成人數不只八人，也有十人、十二人、十三人的組合，依據各地廟宇有所不同，故又稱為「什家將」，而最完整的成員組成為：什役、文差、武差、甘爺、柳爺、謝爺（七爺）、范爺（八爺）、春大神、夏大神、秋大神、冬大神、武判官、文判官等。他們之後成為迎神賽會的陣頭之一，負責擔任開路先鋒，進行驅邪除惡等工作。

第三類 族群神信仰

保生大帝（泉州同安）

神・明・小・檔・案

誕辰：農曆三月十五日
職司：醫神、泉州同安人的守護神
重要宮廟：大龍峒保安宮、臺南學甲慈濟宮、臺南大觀音亭祀典興濟宮、高雄左營慈濟宮

泉州重要信仰

保生大帝以醫術聞名，相傳是宋代福建泉州同安縣白礁村人（另有出自龍溪縣青礁村、安西縣石門村的說法），俗姓吳名夲（音滔），精於採藥和針灸，醫術高超，也因此吸引到許多弟子及追隨者。而在吳夲過世後，村民在他行醫之所建廟奉祀，並尊稱「醫靈真人」。

行醫濟世的保生大帝

南宋時，傳說保生大帝顯靈保佑地方免於流寇之亂，因此在地方仕紳協助推動下，分別在青礁、白礁正式興建廟宇，並獲宋孝宗賜廟額「慈濟」，之後又賜號「大道真人」，故保生大帝又稱「大道公」、「吳真人」，成為福建泉州重要的民間信仰。

關於保生大帝濟世的傳奇相當多，流傳最廣的有「揭榜醫太后」的故事，據傳皇帝的母后患了乳疾，太醫們束手無策，皇帝於是詔告天下，廣求名醫，保生大帝聽聞此事後便進宮診療，一開始問診時皇帝並不相信他，更刁難他不能親自問診，幸好順利醫治完成，皇帝大喜，決定任命他為御醫，希望他留在宮中，保生大帝則以修行為由婉拒了皇帝的任命。

而「醫虎喉」的故事，是保生大帝在林中採藥時，遇到一老虎，因吃人時被骨頭哽到喉嚨，痛苦難耐，保生大帝見狀後，先是斥責牠不應吃人，但見到老虎有悔意，便決定醫治牠，老虎為感謝保生大帝醫治之德，化為其坐騎陪侍在身旁，並隨著保生大

神·明·小·知·識

大道公風，媽祖婆雨

在閩南、臺灣地區有一民間諺語「大道公風，媽祖婆雨」，指的是大道公與媽祖婆鬥法的民間故事。

故事有多種版本，常見的說法為：媽祖與大道公同為北宋福建人，大道公對媽祖有所好感，因此請求玉皇大帝協助撮合（或說大道公親自提親），媽祖原本答應，但因害怕生產之苦而反悔，保生大帝得知後惱羞成怒，於是在媽祖聖誕日時（農曆三月二十三日）下大雨，想讓媽祖臉上花粉失色；媽祖也不甘示弱，也在大道公聖誕時（農曆三月十五日）颳起大風，試圖將其頭巾吹落，想讓大道公狼狽不堪。

此諺語衍伸的說法有「三月十五，風吹大道公布；三月廿三，雨渥（灑）媽祖婆花粉。」此民間故事的由來有多種說法，就學者的研究應與農曆三月氣候變化有關，雖然此傳說將大道公與媽祖婆描述為世俗化的人格，但民間也僅將此說法作為趣味娛樂的話題，不具有貶低兩神神格之涵義。

帝被後人奉祀，成為保生大帝的配祀神，稱為「虎爺」或「黑虎大將」。

保生大帝的信仰發展至清代，從泉州地區發展至福建其他地區，此時也流傳記載保生大帝行醫濟世的民間故事，如《吳真君記》、《保生大帝實錄》等書。道教更將保生大帝納入中央行政神的系統，出版《保生大帝真經》、《大道真經》等經典，使信仰具有理論化基礎。

臺灣的信仰發展

臺灣著名的保生大帝廟以臺南市學甲慈濟宮、臺南市祀典興濟宮及臺北市大龍峒保安宮等廟最負盛名。

臺南祀典興濟宮，與大觀音亭兩間廟僅以一官廳相隔，兩廟關係密切，合稱為「大觀音亭興濟宮」，是全臺唯一佛教與道教平行同祀的廟宇。

臺北的大龍峒保安宮則由福建同安縣的移民所聚資興建，在一九九五年至二○○二年進行寺廟重修工程，歷經了長達七年的古蹟修復工程，成功保存了廟宇的建築與裝飾，其修復的完整性更獲得聯合國教科文組織二○○三亞太文化資產保存獎，而自一九九四年起舉辦的「保生文化祭」，則是將傳統廟會活動注入新的文化思維，不僅保存了傳統習俗與宗教文化，也為培育新一輩的信徒而努力。

詞·彙·開·講

上白礁

臺南市學甲慈濟宮每年農曆三月十一日舉辦的「上白礁」祭典，起源於清代，當時學甲地區的鄉民固定會返回原鄉福建泉州白礁慈濟宮謁祖，但日治時期之後因與中國往來受限，故改為隔海舉行，祭典儀式包含祭祖、遶境與刈香（又稱學甲香，是四年舉行一次），此民間習俗因歷史、傳統藝術之價值被列為臺南市的文化資產。

高雄後勁聖雲宮

聖雲宮主祀保生大帝，後勁人又稱「老祖廟」，開基祖神像為坐於神龕中央的軟枝金身，頭戴通天冠、身著平繡文袍、長鬚細眉鳳眼，面貌慈祥。

據〈聖雲宮沿革碑〉記載，早期廟址原位於半屏山的東北側，而在一八三〇年（清道光十年），由在地仕紳陳恭德發起募捐遷建於現址，目前廟貌是一九九五年重建，廟宇屋頂為三重簷歇山頂，格局為兩殿式，建築約七層樓高，三川殿龍虎門旁有大型的龍虎壁圓形立體木雕，氣勢迫人。

聖雲宮為後勁地區的境主廟，與鳳屏宮、土地公廟、萬應公、有應公廟等地方公廟委員組織後勁廟產委員會，後勁知名的反五輕運動是在有應公廟出現立筊神蹟後，由委員會請示境主神明後動員鄉里所發起的環保運動。

地址：高雄市楠梓區後勁聖雲街一二九號

開漳聖王（漳州）

神．明．小．檔．案

誕辰：農曆二月十五日
職司：漳州移民守護神
重要宮廟：內湖碧山巖、宜蘭頭城威惠廟、宜蘭三清宮、桃園景福宮、彰化聖王廟。

陳姓家族神

開漳聖王是屬於英雄成神論的人格神崇拜信仰，也是典型的地方守護神，據聞他本姓陳，名元光（又稱光華），是唐代時期的河南光州人。在唐僖宗時代考中武進士，被派遣至福建漳州平定漳浦、南靖、龍溪、長泰、平和、詔安與海澄等漳州七縣的亂事，除了兵事之外他也進行地方建設，帶領縣民開墾荒地，興建水利，受到當地百姓的推崇，為感念他的貢獻，而建廟奉祀，成為漳州地區的守護神。

又有一說法是陳元光隨其父陳政將軍衛戍福建，但父親陳政不幸因病過世（另有戰死之說法），因此他便代父出征，不僅屢建奇功，也打響了他的名號。他認為閩南的開發很重要，因此請皇帝允許他進一步開拓漳州，其後便大修水利、招募移民開墾，興文教，故過世後，當地居民感其恩德，遂立塑像祭拜，奉為該地之守護神。又因其姓，也成為陳姓家族信奉的家神，故又稱陳聖王。

臺灣信仰發展

當漳州移民在遷移時，為求家鄉守護神的庇佑，就會隨身帶著開漳聖王的香火或神像，最初供奉於家中，生活安定之後則會號召宗族建廟奉祀，而除了臺灣之外，另在新加坡、馬來西亞、泰國、印尼等地都有開漳聖王廟宇。

以臺灣的發展來說，主祀廟宇多位於宜蘭、臺北、桃園等地，尤其宜蘭地區是開漳聖王廟最多的地方，例如頭城威惠廟、宜蘭三清宮等。開漳聖王信仰傳入宜蘭與吳沙移墾活動有密切相關，吳沙為清福建省漳州漳浦縣人，領導了以漳州人為主體，加上少數泉州人與客家人組成的移墾集團，從臺灣東北的三貂角沿著北海岸進入蘭陽平原，將閩粵文化與宗教信仰傳播至蘭陽。

四輔將軍

開漳聖王另有四個配祀的部將，合稱「四輔將軍」，亦有「六輔將軍」、「五輔將軍」之說。四輔將軍即輔信將軍李伯瑤、輔義將軍倪聖分、輔順將軍馬仁、輔顯將軍沈毅。其中輔信將軍也稱輔聖將軍，一說為唐代的李伯瑤將軍，是唐代開國名將李靖之孫，在臺灣也有主祀的廟宇，如桃園竹圍福海宮、桃園鎮海宮等。

另外較常見的輔順將軍又稱馬使爺、馬舍公、馬公爺，然而輔順將軍的緣由，有多種版本，除了馬仁之說外，另有馬援、馬恩、馬福等說法，主祀的廟宇稱「將軍廟」或稱「馬公廟」，例如臺中順天宮輔順將軍廟、臺南的馬公廟等廟宇。

至於輔義將軍、輔顯將軍則較少有主祀廟宇，大多是作為開漳聖王廟或相關將軍廟宇中的配祀神。

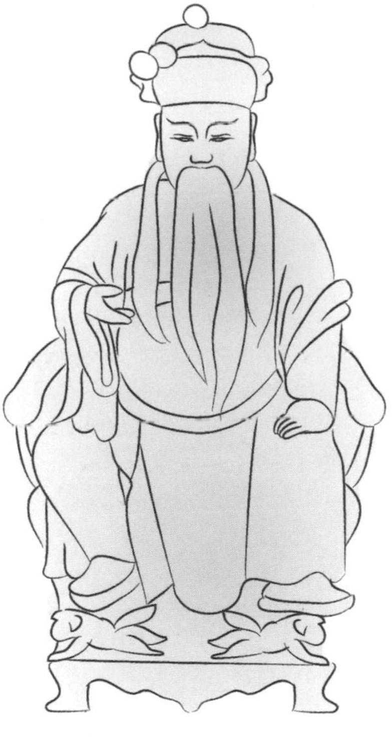

開漳聖王為漳州移民守護神

碧山巖開漳聖王廟

碧山巖開漳聖王廟，主祀開漳聖王陳元光，廟宇所在的地名為「白石湖」，又因寺廟建置於山頂上，當地人稱「尖頂廟仔」。於一八二六年（清嘉慶六年）雕造正殿落成安座，在安座之前僅為一座石室小廟。

當地盛傳建廟的起源是開墾的移民漳州黃某人將開漳聖王香火懸掛於石洞中，林爽文事件爆發後有亂民逃入白石湖地區，佔據廟址，後因開漳聖王顯靈得以平定亂事，於是當地的黃、郭、林、簡、鄭五姓居民，為感念聖王便共同商議建立石室來奉祀聖王化身的神石。

至於目前聖王廟的宏偉規模是直至一九七六年才全數完成，包含有正殿、前殿（三川殿）含地下六層樓，鐘鼓樓、崇聖臺、八角樓等主體建築。此處可俯視臺北盆地，從日治時期就是知名的郊遊、遠足的名勝風景區，現在也是臺北人出遊爬山踏青的好去處。

地址：臺北市內湖碧山路二四號

彰化聖王廟

聖王廟又稱威惠宮，主祀開漳聖王陳元光，一七六一年（清乾隆二十六年）建廟於彰化縣城西門附近，為漳州七縣（漳浦、龍溪、長泰、南靖、平和、詔安、海澄）移民的信仰中心。

聖王廟屬國定古蹟，目前廟貌為一九九六年重修完，建築為三進二院的空間格局。正殿有一七九二年（清乾隆五十七年）的「海東慈雲」匾、一八一七年（清嘉慶二十二年）的「詔燕英靈」匾等重要文物。

在二〇一六年三月曾因同扇廟門出現兩尊門神臉而被大肆報導，專家推測可能是早期圖像的遺存，此一新舊圖案並存的現象不僅具有話題性，也極具歷史價值。

地址：彰化縣彰化市富貴里中華路二三九巷十九號

廣澤尊王（泉州三邑南安）

神·明·小·檔·案

誕辰：農曆二月二十二日，另說八月二十二日

職司：泉州移民守護神

重要宮廟：臺南西羅殿、臺南永華宮、鹿港鳳山寺

神蹟顯赫的泉州郭聖王

廣澤尊王，又稱為「聖王公」、「郭聖王」、「郭王公」等稱號，與開漳聖王相同，廣澤尊王也是地方色彩濃厚的人格神。但不同的是，開漳聖王與開發漳州有關，廣澤尊王則是因出身泉州，神蹟顯赫聞名，它的開基祖廟位於福建泉州府的南安縣鳳山寺。

傳說廣澤尊王俗名為郭洪福（另說為郭乾），被認為是唐代名將郭子儀的後裔，是福建泉州南安縣人，在宋代時期因經常顯靈，不僅護佑百姓，也幫助官兵作戰勝利，故受到歷代皇帝的加封。

隨著傳奇故事不斷累積與演變，廣澤尊王增加了妻子妙應仙妃、父母親太王太妃、十三太保，這些都是屬於廣澤尊王廟宇中的配祀神，關於十三太保，有些廟宇視為是廣澤尊王的分靈，有的則認為是有十三位太子。

廣澤尊王形像特色為右足翹起

臺灣信仰發展

廣澤尊王信仰在臺灣，以「西羅殿」（習稱「聖王公廟」）與永華宮為代表，兩座廟宇都在臺南。

西羅殿位於中西區，是來自泉州的郭姓宗族帶著郭聖王的分靈來到臺南，由於落腳於當時的南河港畔、南勢街一帶（今和平街），因此早期郭姓移民多在碼頭當工人，而西羅殿從宗族的家廟，擴大為角頭廟，又因定期祭祖，以及分靈廟眾多，逐漸在臺灣成為祖廟的地位。

永華宮的源流則與鄭成功的諮議參軍陳永華相關，廟宇奉祀的廣澤尊王是由當時軍隊恭迎來臺，為目前臺灣最早的軟身廣澤尊王金身，有其歷史價值與特殊性，近年來在廟方強調歷史淵源，並加入文創思維，以及與外界廟宇積極交流下，在全臺眾多廣澤尊王廟宇中的地位日漸提高。

神．明．小．知．識

右腳翹起的廣澤尊王

廣澤尊王是屬於少年神格，故其形象的特色是青少年的面容，臉頰豐潤，兩眼凸出以顯示出威嚴感，神像則呈現端坐於圈椅上且右腳翹起的姿態，除了表現出動態感之外，也與成道的故事有關。

民間流傳郭洪福成道的故事，有多種版本，最為人所知的是「戴銅笠、牛騎人、魚上樹」的故事。

相傳郭洪福因自幼雙親亡故，由叔叔帶大，家境貧寒，從小替人牧羊維生，但他的主人是個吝嗇刻薄的守財奴，從未善待他的僕人。一日主人請來一位地理師看風水，沒想到他竟然用掉進糞坑的死羊招待地理師，郭洪福便將此事告知地理師，地理師極為憤怒，因此故意不將吉地的位置告訴主人，反教導郭洪福將父母遺骸遷葬該處，並告知他說葬妥後如遇毒蜂侵襲，逃跑至「人戴銅笠、牛騎人、魚上樹」之處修行，即可成神。

果然他在遷葬後，就遇到毒蜂的侵襲，同時下起了大雷雨，而在逃跑的途中看到一僧人以銅鈸當帽遮雨，不久則看見有一牧童蹲在牛腹下躲雨，到了河邊時則看到漁夫在樹下避雨，並將掛著魚的釣竿放在樹邊，此一情景應驗了地理師的話，郭洪福便在此處找到一顆大石頭開始打坐，不久則升天成道，成道之日被其叔叔拉住右足，因此才有右足翹起之狀。

金門官澳龍鳳宮

「龍鳳宮」的稱呼乃因廟內主祀「廣澤尊王」與「媽祖」而得名，原名為「官澳天妃宮」。

一九四九年位於官澳西側的聖王公廟因防禦工事考量而被軍隊拆除，於是廟內供奉的廣澤尊王便被移駕至天妃廟共同祭祀，職是之故，改廟名為「龍鳳宮」，是官澳在地重要的信仰中心。

龍鳳宮供奉的媽祖神像有三尊，當地人稱大媽祖俗名為美麗，聖誕日為農曆三月二十三日；二媽祖俗名美花，聖誕日為農曆正月初二；三媽祖俗名美蓮，聖誕日為農曆九月初九。

廣澤尊王有大尊王，聖誕日為農曆八月二十二日；二尊王，聖誕日為農曆八月二十三日。廟體建築採花崗岩與紅磚堆砌而成，表現出金門傳統建築風格，而拜殿左右兩壁有六十多幅的黑白窗格壁畫也是龍鳳宮的特色之一。

地址：金門縣金沙鎮官嶼里官澳十六號

三山國王（廣東潮州）

山神崇拜轉化

三山國王廟最顯著的特色是正殿供奉的主神有三尊，大王、二王及三王，以及祀奉王爺夫人的習俗，雖然並非全部的三山國王廟都是如此，卻能反映出三山國王的信仰從山神崇拜轉化成王爺崇拜的背後意涵。

獨山三王喬俊

三山國王的信仰起源於廣東潮州人的自然神崇拜，三山指的是現廣東省揭揚市揭西縣河婆鎮的「巾山」、「明山」及「獨山」三座山峰，此地區信奉山神的時間最早可追溯到隋朝，唐代時則有當時任職於廣東的韓愈向山神祈求當地五穀豐收的傳說，這是三山國王廟中供奉韓愈的由來，韓愈遂成為三山國王的陪祀神。

為何會有「國王」的尊稱呢？這是在宋代時，流傳著山神顯靈，協助宋太祖討伐有功，皇上詔封三山神為國王的故事，賜贈廟額「明貺」，於是山神增加了人格化的形象，巾山封

神・明・小・檔・案

誕辰：大王：農曆二月二十五
二王：農曆六月廿五日
三王：農曆九月廿五日

職司：潮州移民守護神

重要宮廟：彰化荷婆崙霖肇宮、鹿港三山國王廟、高雄橋頭義安宮、蘭陽大興振安宮、屏東九如三山國王廟

號為「助政明肅寧國王」，明山為「清化聖德報國王」，獨山為「惠威弘應豐國王」；另外明代記載的版本為巾山是「清化威德報國王」，明山是「助政明肅寧國王」，獨山則相同，兩種版本的封號都屬常見，各地三山國王廟依據不同文獻而有所不同。

臺灣信仰發展

隨著客籍移民來到臺灣，信仰崇拜的歷史淵源大致延續著原鄉的說法，不過增添了更多在地的傳說與典故，例如巾山國王、明山國王、獨山國王成為結拜三兄弟，分別是大王連傑、二王趙軒及三王喬俊。

另外在清代閩粵械鬥時，三山國王顯靈護佑客籍移民取得勝利的神蹟，在新竹、彰化一帶的三山國王廟宇中流傳甚廣。然而三位國王義結金蘭的故事會讓人不自覺聯想到《三國演義》中桃園三結義的故事，這也是為何有些廟宇的神像雕塑仿效的是劉備、關公、張飛三人的形象。

臺灣供奉三山國王的習俗在歷史變遷下，已逐漸從原鄉守護神崇拜轉為在地常見的民間信仰之一，信眾也不限於客家人。

如今三山國王廟在臺灣各地，據中央研究院一〇二年十一月的統計資料，全臺總計有二百一十四座之多，主要集中的縣市有宜蘭縣、新竹縣市、彰化縣、屏東縣等地。

詞·彙·開·講

王爺奶奶回娘家

三山國王祭典活動，大多由各地的三山國王廟分別舉辦聖誕法會與遶境祈福活動。

屏東九如三山國王廟有一特殊的民俗活動「王爺奶奶回娘家」，是在每年農曆正月初二，大王夫人徐秀桃回到麟洛鄉娘家的文化活動。這是源自於九如鄉的大王爺降旨迎娶麟洛鄉徐秀桃姑娘的傳奇故事，自此麟洛（客家人）、九如（閩南人）兩地居民成為母舅關係，在當地成為一段佳話。

故此活動不僅象徵著傳統的家族倫理，也具有跨族群合作的意涵。

清水祖師（泉州安溪）

神·明·小·檔·案

誕辰：農曆正月六日（生日）
農曆五月六日（得道）

職司：泉州安溪移民守護神、醫神

重要宮廟：三峽長福巖祖師廟、萬華清水巖祖師廟、淡水清水巖祖師廟

佛道結合的神明

清水祖師是屬於人格神崇拜，從他的形象為黑面、顴骨突出、戽斗，頭頂五佛冠且身著袈裟，說明了他並不是起源於道教系統的神明，而是結合佛教與民間信仰的神明。

生於北宋年間的清水祖師，俗名為陳應（或陳昭應），法名普足，是福建泉州安溪人。幼年於大雲院出家，後來跟隨大靜山明松禪師修行，學習各教經典，並且研習醫術，悟道後便辭別師父下山弘法。由於清水祖師曾在廣東麻章地區傳法，並替百姓治病，又會祈雨庇佑鄉民，因而有「麻章上人」稱號。

祈雨傳說

有一年，福建泉州安溪遇到乾旱，地方民眾聽聞清水祖師的祈雨事蹟，於是邀請他至該地，希望他能協助解除旱災，果然清水祖師祈雨成功。鄉民們甚為感念，盼求清水祖師留駐安溪，地方仕紳則提供草庵供清水祖師修行，清水祖師深受感動，決定留下定居安溪，於是清水祖師修行之地被稱為「清水巖」。

清水祖師除了自身修行外，也會同弟子們協助地方建設，如建橋樑、鋪路等，而鄰近的汀州、漳州人民有災難時，清水祖師也會前往救災祈福，深受百姓們的愛戴與景仰。職是之故，當清水祖師圓寂後，鄉民們為感念他的恩德，共同造像奉祀，其身分雖屬佛教高僧，但卻與民間信仰結合，隨著香火的鼎盛與信仰傳播，又與道教系統結合，成為道教系統的神明之一（道教信徒稱黑帝化身為清水真人）。

臺灣信仰發展

清水祖師信仰在臺灣，廟宇較多位於北部地區，大多集中臺北盆地外緣安溪人聚居之地帶，如淡水祖師廟、艋舺祖師廟、三峽祖師廟及瑞芳祖師廟等四大祖師廟。

傳說清水祖師廟有落鼻示警的神蹟，亦即每逢天災地變或其他人為禍害時，祖師的鼻子便會掉落，代表暗示災禍的前兆，所以又有「落鼻祖師」的稱號。

清水祖師最著名的神蹟是清光緒年間的清法戰爭，法軍進攻淡水時，以及二次大戰期間美軍轟炸艋舺時，祖師都曾經落鼻示警來護衛信徒。

位於三峽的長福巖祖師廟，曾在一九四七年進行第三次重建，由著名畫家李梅樹督導監造，這是臺灣廟宇第一次與畫家合作修建，因此在石雕、木雕、銅雕與剪粘等裝飾上都精細繁複，巧妙生動，極富藝術價值，更值得信徒在參拜之餘細細觀賞寺廟的藝術。

神·明·小·知·識

黑面祖師

清水祖師又稱烏面或黑面祖師，傳說是因在清水巖修行時，與山鬼相互鬥法，山鬼將祖師關在洞穴中，火燒祖師七日七夜，但祖師並未身亡，且毫髮無傷的走出洞穴，不過因煙燻造成了滿臉烏黑。

另有一說，祖師尚未出家時，協助嫂嫂煮炊，沒想到柴火不足，祖師於是以身體化為柴薪，被嫂嫂發現時立即阻止，不過祖師安然無恙，僅是滿臉被燻黑。

頭頂五佛冠、顴骨突出的清水祖師

艋舺清水巖祖師廟

俗稱「艋舺祖師廟」，主祀清水祖師，是福建安溪移民的守護神。

廟體曾因一八五三年（清咸豐三年）發生的「頂下郊拚」而遭到破壞，又在一九四〇年遭到火災，後殿毀損，故現存三川殿與正殿，即三開間兩進兩廊兩護龍的空間格局，但廟體仍保存清朝寺廟建築特色，故被列為市定古蹟，重要文物有清光緒皇帝所賜「功資拯濟」匾。

艋舺祖師廟曾在一八九六年被日人充作「國語學校附屬學校」，之後又在一九二二年設立臺北州立臺北第二中學校（簡稱州立二中，現為臺北市立成功高中）。在二〇一〇年上映的電影《艋舺》，便是以此廟為主題背景拍攝。

地址：臺北市萬華區康定路八一號

義民爺（客家人）

神・明・小・檔・案

祭典：新竹新埔義民祭為農曆七月十八日至二十日
職司：客家祖先崇拜、客家人守護神
重要宮廟：屏東六堆忠義祠、新竹新埔義民廟

義勇之民

義民爺信仰是臺灣民間特有的民間信仰之一，義民為義勇之民的簡稱。這些義勇之民是因戰爭、械鬥不幸身亡的孤魂，因此信徒祭拜的不是神像，而是牌位，也是他們的先人。

雖然現今的義民爺信仰以客家人信奉最多，但事實上臺灣歷史中的義民也包含了福佬人及原住民，並非客家族群的獨有信仰，然而隨著時間的演變，義民爺崇拜如今已成為客家人獨特的宗教文化與祭祀活動。而此轉變與清代時期發生的朱一貴事件與林爽文事件有密切相關。

六堆忠義祠與朱一貴事件

屏東六堆忠義祠（原名西勢忠義亭）就是紀念朱一貴事件而犧牲的高屏地區六堆一帶的客家先民。

康熙六十年（一七二一年）朱一貴在羅漢門（今高雄縣內門鄉）率眾反清，當時潮州人杜君英在檳榔林（屏東縣內埔鄉）帶著客家人響應，但不久因內部失和而分裂，杜君英逃跑至羅漢門山中躲避，其部眾則逃至屏東內埔地區。當時屏東客家庄為了避免朱一貴報復，破壞他們辛苦得來的墾地，因此在李直三、侯觀得等人領導下，與清政府合作，組成民兵抵抗朱一貴。

而六堆名稱的由來就是當時依防禦的需要，將屏東平原上的客家十三大庄與六十四小庄，劃分成六個區域，按照位置分別命名為前、後、左、右、中及先鋒

六個堆，每堆管轄若干聚落，因而形成了六堆組織。

新埔褒忠亭與林爽文事件

新竹縣新埔鎮的褒忠義民廟，則是為了紀念因林爽文事件以及戴潮春事件而犧牲的桃竹苗客家子弟。

林爽文事件發生於清朝乾隆五十一年（一七八七年），臺灣知府孫景燧取締天地會，林爽文當時為彰化天地會的領袖，憤而揭竿率眾抵抗，發動了多起大規模的戰事，向北攻下竹塹城，向南攻打諸羅等地，當時在桃竹苗一帶的客家人為了保護土地與家人，於是聯合部分閩南人與平埔族共同組成義勇軍，配合清軍抵抗林爽文軍隊的進攻，造成兩百多人傷亡。

清廷政府在朱一貴事件後就曾興建忠義祠褒揚義勇軍的事蹟，而林爽文事件後亦頒賜「褒忠」匾額，以及建廟紀念因戰爭犧牲的孤魂，故新埔義民廟又稱「褒忠亭」，也在官方的支持下，進而促使臺灣各地的義民廟紛紛籌建。

詞·彙·開·講

義民祭

義民祭是義民爺信仰重要的祭典活動，但舉辦的儀式有所不同。屏東六堆忠義亭（曾名六堆忠義祠）是舉行春秋兩祭，分別在三月與十一月舉行。而新竹新埔義民廟的祭典則是在農曆七月十八日至二十日，由新竹、桃園等十五大庄輪值的盛大活動，祭典內容包含「挑擔奉飯」、「豎燈篙」、「點斗燈」、「請神」、「放水燈」及「賽神豬」等活動，此祭典活動延續了百年以上，不僅具有歷史意義，其祭典內容也呈現出客家文化的特殊性，更被列為文化資產，也是臺灣傳統重要節慶之一。

法主公（泉州安溪）

制服蛇精的張慈觀

法主公是起源於福建泉州安溪的地方神祇，又稱為法主真君、張聖君、閭山法主、普濟真人、都天聖君等。傳說「法主公」俗名張慈觀，北宋人，生於福建永春張家莊，為一修法道士。

臺灣常見傳說是張慈觀與結義兄弟，聽聞福建永春九龍潭中有一蛇精，經常危害附近百姓，破壞農村與田地，讓鄉民生活痛苦不堪，於是他們決定共同斬除此一妖怪，張慈觀獲觀音大士贈與七星劍，三兄弟歷經千辛萬苦後連手制服了蛇精，隨後一起化為輕煙升天成神，有些法主公的塑像，一手持劍，一手握蛇的形象，就是源自於此傳說。

臺灣北部、南部法主公信仰

臺北大稻埕法主公廟是臺北著名的宮廟之一，是大稻埕茶商的信仰中心，建廟起源是在清光緒年間，大稻埕發生瘟疫，泉州安溪茶商便恭請法主公消災解厄。廟宇歷經多次整建，更因馬路拓寬，導致寺廟僅剩前殿，至今看到的建築已是一九九六年重建過後的新建築，跳脫傳統寺廟建築的風格。除了主祀張法主宮聖君之外，配祀神有東嶽大帝、南朝大帝（張天師）、中壇元帥以及供奉謝、范兩將軍的神位。

臺灣南部的法主公信仰，集中於臺南地區與美濃地區，臺南地區的道士將法主公視為是閭山

神・明・小・檔・案

誕辰：農曆七月二十三日

職司：閭山派法師祖師爺、茶商守護神

重要宮廟：大稻埕法主公廟、臺南普濟宮

派法師的祖師爺，臺南供奉的廟宇如普濟殿、鹽水張聖宮等，其中普濟殿主祀神明為池府千歲、觀音佛祖，在一九六六年迎接聖君廟法主公神像入廟奉祀，其神像造型為披髮、蓄長鬚、雙手結印、雙目圓睜，法像威嚴，被放置於佛祖廳的前殿，而觀音佛祖居後殿，為佛道合祀。

神·明·小·知·識

法主公不只一位？

事實上，法主公並非僅指稱一位神明，而是多位神明的合稱，例如有「張真君」、「蕭真君」、「章真君」三位法主，也有「張、蕭、連」或「張、蕭、吳」的組合。

各地的祀神組合不同，不過大多有「張法主」與「蕭法主」，也顯示法主公的來歷複雜，版本多元，故本篇僅以較常見的張法主（張聖君）來做介紹。

慶典

法主公的聖誕日期為農曆七月二十三日，不過在北投山區的十八份聚落，舉行慶典的時間則是農曆七月十八日。

在北投區泉源里（舊名十八份）的張公聖君廟，本為新店內山茶農供奉的守護神，因聽聞十分靈驗，十八份的吳姓工人於是偷請回家供奉，在信徒逐漸增加的情形下，便擴大成為了十八份庄民的共同信仰。此廟因屬私神性質，且未曾返回祖廟進香，故其慶典時間不同於北部其他的法主公廟，呈現出在地的特色。

披髮長鬚、雙目圓睜的法主公形象

青山王（泉州三邑惠安）

神・明・小・檔・案

誕辰：農曆十月二十三日

職司：司法神

重要宮廟：臺北艋舺青山宮、新竹市靈安宮、新竹香山南靈宮、臺中沙鹿青山宮

青山王傳說

「青山王」亦稱為「靈安尊王」，是福建泉州府惠安縣的地方神祇，最初為山神崇拜，之後演變為人格神崇拜，具有司法神神格，與城隍爺的職責相似，負責祛邪驅魔，除惡捉鬼。

青山王被認為是驅邪除惡的神祇

傳說靈安尊王為三國東吳孫權的部將張滾，他奉命鎮守泉州惠安，政績卓著，而被封為「照應侯」，過世後，縣民們建廟感念他，稱他為「武德神」，廟宇位於青山，故稱青山宮。

另一則最廣為流傳的故事是相傳在宋太宗時期，有位進士崔知節被派遣擔任惠安縣令，當他入境隨俗準備祭拜青山王時，突然墓碑裂開，碑的背面出現「太平興國間，古縣本惠安；今逢崔知節，送我上青山。」崔縣令驚訝不已，於是請教了當地仕紳，並依循指示將其墓遷葬至青山，建廟供奉。

臺灣青山王信仰

臺灣的青山宮以艋舺（今萬華）青山宮最著名，建廟的源流是與一隻千年蟾蜍精有關的傳奇故事，在清嘉慶年間，艋舺一帶瘴癘瘟疫嚴重，據傳是因有座古井內住著一隻蟾蜍精，在半夜中會跳出古井吐毒作怪，危害民眾，讓人們心生恐懼，於是惠安移民至福建迎請青山王分靈來除妖，果然成功捕捉蟾蜍精，艋舺人為感念青山王的恩德，便募資建廟奉祀。

不過艋舺青山宮較確切的創建年代為清咸豐六年（一八五六年），現今廟宇內正殿主祀青山王，後殿奉祀青山王妃，前殿配祀有八司、枷鎖將軍、虎爺、馬爺等與城隍爺信仰相同的配祀部將。

艋舺青山宮廟宇建築不僅保存了當時泉州匠師的工藝表現，也留下許多名師的作品，如傳統藝術家劉家正的門神彩繪、石匠謝萬來的蟠龍石柱等，因此被列為直轄市定古蹟，並曾在二〇〇六年、二〇一四年進行建築修護，二〇一〇年由鈕承澤執導的電影《艋舺》，其前導宣傳片即在此取景拍攝。

詞・彙・開・講

艋舺大拜拜

青山王祭典是在每年農曆的十月二十日至十月二十二日舉行，最具特色就是舉行暗訪活動。

艋舺青山王在農曆十月二十日開始，分別在南、北艋舺區透過暗訪儀式，進行驅邪抗煞，緝捕惡鬼等工作，此活動從下午開始一直進行到晚上。

到了十月二十二日則開始舉行遶境活動，各地的交陪廟宇及陣頭會集結至艋舺，信徒家家戶戶擺設香案祭拜，俗稱「艋舺大拜拜」，是臺北地區包含大龍峒保生大帝出巡、霞海迎城隍的三大民俗盛會之一。

第四類

行業神信仰

關聖帝君

神·明·小·檔·案

誕辰：各地不一。有農曆正月十三日、五月十三日及六月二十四日

職司：佛教護法神、財神、文衡聖帝

重要宮廟：臺北行天宮、宜蘭礁溪協天廟、苗栗縣玉清宮、雲林四湖參天宮、臺南祀典武廟、臺南開基武廟、鹽水武廟、高雄關帝廟

華人社會的重要信仰

關聖帝君又有關公、關老爺、恩主公、文衡聖君等尊稱，其信仰屬於人格神崇拜，是華人社會重要的信仰之一，並且與儒家文化相結合，因此除了中國、港澳、臺灣、馬來西亞、新加坡、印尼之華人社區外，包含日本、沖繩、韓國等鄰近國家都保留了關聖帝君崇拜的習俗。

關公信仰的興起

事實上關公信仰是從宋代開始興起，在三國時代結束之後，關羽的戰功與人格受後人推崇，一方面被民間口耳相傳，成為小說與戲曲的題材。

到了元末羅貫中採集相關故事編寫成《三國演義》，使得關羽「忠義」與「勇武」形象更為深入人心；另一方面崇拜祂的百姓也紛紛立祠供奉。清代時期更成為官祀祭典，關帝廟被稱為「武廟」，與孔子的「文廟」相對應。

結合儒釋道的關公信仰

關公信仰的特色是因其人格特質及形象，被儒、釋、道三教納為共同的神明。

佛教最先納關公為其護法尊神，被稱為「伽藍尊者」、「伽藍菩薩」、「護法爺」，是屬於佛教中國化的代表神明。

道教的結合，傳說是在宋代，張天師道士召請關公除害，因而產生連結，在道教系統中關公有「協天大帝」、「三界伏魔大帝」等稱號。

然而自清代起，文、武廟成為官方祭祀，使得讀書人也會祭拜關公，尤其是讀書人主持的扶鸞儀式裡，鸞手在鸞堂會奉請關公降鸞，於是關公也屬於儒教的神明，被稱為「文衡帝君」、「恩主公」。

除此之外，關公信守諾言、義薄雲天的形象是秘密結社與商業敬拜的對象，因此各行各業的人士都會奉祀關公，除了有行業守護神的性格，也被視為具財神神格，民間一般認為拜關公有保佑個人的事業與工作財運亨通之意。

明鄭時期傳入臺灣

臺灣的關公信仰極為盛行，可分為兩波的發展，第一波是明鄭時期將信仰傳入臺灣，位於臺南的「開基武廟」是最早建立的關帝廟，創建於明永曆二十三年（西元一六六九年），現址是臺南市中西區新美街一一四號，相傳其神像是鄭成功所屬官兵恭請來臺奉祀。

詞·彙·開·講

讀書人的扶鸞儀式

由於關公是屬於儒、釋、道三教共屬的神明，讀書人的扶鸞儀式指的是儒教的扶鸞，這是恩主公信仰中常見的宗教儀式，恩主公信仰包含有關聖帝君、孚佑帝君（呂洞賓）、張恩主（司命真君）、王恩主（隆恩真君）與岳恩主（岳武穆王），例如臺北行天宮奉祀的五恩主公神像。

與鄰近的祀典武廟相比，因其建築規模較小，俗稱「小關帝廟」，而祀典武廟則被稱為「大關帝廟」，兩間關帝廟都被列為古蹟，不僅是臺南關公信仰的代表廟宇，且具有豐富的歷史價值。

經濟起飛的財神崇拜

第二波則是一九七〇年代起，因臺灣的經濟起飛，促使了關公崇拜的盛行，由於關公具有財神的性格，於是在「臺灣錢，淹腳目」時期，人民樂於出資整建寺廟，有許多新興的關帝廟因此香火興盛，如臺北的行天宮、三峽白雞山恩主宮廟、苗栗縣玉清宮、雲林四湖參天宮等。

至於關公祭典在北、中、南各有不同，分為農曆正月十三日、五月十三日及六月二十四日，南部地區的祭典，較重五月十三日，北部地區則重正月十三日及六月廿四日。

例如臺南的祀典武廟，於清雍正五年（一七二七年）時，奉旨春、秋祭，和五月十三日，例祭共有三日，此為「祀典」名稱的由來，並且此祭祀傳統自清朝延續至今並未間斷，是當地重要的民俗活動。

關公的勇武、忠義形象深入人心

臺北行天宮

主祀關聖帝君，又稱「恩主公廟」，是臺北著名宮廟之一，除了位於臺北市中山區的本宮之外，另有北投、三峽兩間分宮，合稱「行天三宮」。

行天宮由玄空道長（本名黃欉）所創建，三宮建造的順序依序為北投、三峽，最後才是中山區本宮。三宮的廟宇建築皆由阿麻師（本名廖石城）所設計，屋頂是屬於閩南燕尾翹脊式，雖用鋼筋混凝土建造，卻創造出傳統寺廟木構建築的質感，三川門的特色是以一百零八顆門釘取代門神，此設計概念應是參考臺南祀典武廟的三川門，至於中門前的祥獸是雕刻麒麟，而非一般廟宇常見的石獅，也是行天宮特色之一。

行天宮的收驚、收契孫、平安卡、太歲神符等濟世服務廣受信徒推崇，並推動不焚燒金銀紙、不買香祭拜的風氣，以及設置圖書館，創立醫院等公益事業，已成為寺廟風俗的新典範。

臺北本宮地址：臺北市中山區民權東路二段一〇九號

臺南祀典武廟

主祀關聖帝君，祀典武廟位於赤崁樓門口的正對面，屬於赤崁文化園區的建築群。未有明確的創建時間，在一八四〇年（清道光二十年）武廟發生大火，建築多處燒毀，於是隔年進行重修，並將各殿的山牆連成一氣，成為現今所見三開間三進兩廊式的空間格局。

武廟被冠以「祀典」之名是源於一七二七年（清雍正五年），下旨由官方主持祭典，並以「太牢禮」（牛、羊、豬）進行春秋兩祭，從此升格為官方祀典廟宇。廟內也保存了豐富的文物，著名的有正殿懸掛的清咸豐皇帝的「萬世人極」匾、三川門上的「大丈夫」匾、鎮殿神像前刻有「文衡殿」字樣的石香爐。

在武廟旁有間馬使爺廳，參訪民眾較少，供奉的是關聖帝君的坐騎赤兔馬及馬使爺，因此也是屬於祀典武廟的一部分，信眾參拜完武廟後，可再到馬使爺廳向家喻户曉的名駒神點香祭拜。

地址：臺南市永福路二段二二九號

文昌帝君

神・明・小・檔・案

誕辰：農曆二月三日

職司：文事之神、刻印之神

重要宮廟：臺北市文昌宮、龍山寺（內設文昌祠）、新北市文昌祠、東勢文昌廟、高雄文昌宮（美濃）、高雄文昌宮（林園）

周代即有祭祀儀式

「文昌」一詞源自於星座名稱，《史記》記載文昌宮由六顆星所組成，分別為上將、次將、貴相、司命、司中、司祿等六星，由於司命、司中、司祿掌管人命壽夭、功名利祿，故祭祀的起源很早，在周代就已有祭祀司命、司中的儀式。

星神的崇拜演變到了唐宋之後，就逐漸人格化，轉而以人神張惡子（又稱張亞）為文昌神。

傳說張惡子是四川梓潼地區的地方神，故又稱「梓潼帝君」，因神蹟顯赫，香火鼎盛，因而逐漸從地方信仰轉為官方祭祀。

到宋代時張惡子成為了執掌文事之神，到了元代則受封為文昌帝君，受士大夫所尊崇。因此隨著人格神崇拜的轉化，文昌星神的職司也從主掌司命轉而主掌文事之行政神。

臺灣的五文昌君

在臺灣的文昌廟，除了梓潼帝君外，另常常可見到合祀關聖帝君、孚佑帝君、文昌帝君等神明，有時也會配祀朱熹及魁斗星君，這五位神明合稱為「五文昌君」。

五位文昌君都是與古代士大夫、文人有關的神明，因此最早都是由文人仕紳來主持祭典，在農曆二月初三時，主祭官會準備供品舉行三獻禮的祭祀儀式。

祭祀旺季──「考季」

不過現今祭拜文昌帝君的旺季，已從誕辰轉為考試最多的七月，俗稱「考季」，參與各式各樣考試的考生們，會影印其准考證放置在神桌上，並且準備能夠增加考運的供品，例如「蔥」、「芹菜」、「蘿蔔」、「包子」、「粽子」等，或是填寫廟方提供的祈福許願卡，填上自己理想的學校，祈求能夠金榜題名，因此各地的文昌帝君每年到了這個時節香火非常鼎盛。

惜字亭與字紙爐

在部分文昌廟及客家村莊中，可見到「惜字亭」、「字紙爐」等建築物，敬惜字紙的習俗也與文昌信仰有關，在文昌帝君的相關善書中，如《文昌帝君陰騭文》、《文昌帝君惜字功過律》等，都有教人珍惜文字愛護紙張的勸世語。

此習俗在清代時期最為興盛，各村庄中都會建造字紙爐或惜字亭，例如在《噶瑪蘭廳志》中記載村落會在每年二月三日文昌帝君誕辰時，擺宴祭祀，將一年來供燒於敬字亭的字紙灰取出，放在船上送至海中，在運船至海邊的途中，沿路還會設香案祭拜。

這般習俗至日治時期仍延續，然而隨著戰後社會的變遷而逐漸消失，因此惜字亭被視為是重要的文化資產，現僅有少數的廟宇與客家村落仍可見該建築，如桃園龍潭、高雄美濃、屏東六堆等地。

文昌帝君是古代士大夫的形象

神農大帝

神明小檔案

誕辰：農曆四月二十六日
職司：農業之神、醫藥神
重要宮廟：新北市三重先嗇宮、苗栗縣五鶴山五穀宮、臺中興農宮、高雄大社青雲宮

農業社會信仰

神農大帝又有「五谷仙帝」、「栗母王」、「藥王大帝」、「五穀先帝」、「開天炎帝」、「五穀王」之稱。

腰圍樹葉、手持藥草的神農大帝

神農帝是屬於中國古代的三皇五帝之一，祭祀的淵源應是來自於農業社會對於穀物的崇敬，進而發展成為農業神信仰，而神農的神話傳說，事實上就是反映出中國原始社會從採集、漁獵轉為農業生產階段的情況。

「炎帝神農氏」的稱號，實際上是將炎帝與神農兩個不同的傳說系統合而為一，炎帝姓姜屬火神，人身牛首；神農氏則是教人民耕作與嘗百草的帝王。兩者都有農神與藥神的神格，因此很容易將兩者視為同一神祇，大約在唐代時，民間就將炎帝與神農氏的傳說與形象結合。

《禮記》中記載，中國祭祀神農帝可分為官祀與民間祭祀，官方會在各縣城內設置先農壇，並且在每年春耕之前會舉行「耕耤（音及）禮」。

這是由官員模擬農夫親自下

田耕種的儀式，藉此表示以農立國的精神，清代更規定此官祀是由皇帝來親自舉行。然而官方先農壇的祭祀與民間神農廟的祭典則是各自獨立的，因此炎帝神農氏的崇拜，實際上盛行於民間。

臺灣的神農信仰

在臺灣，神農大帝的形象可分為兩種。一是面蓄長鬚，赤足不著衣袍，腰圍樹葉，手持稻穗或藥草，端坐於小山丘上，呈現出原始的裝扮及教民耕種的造型。另一類塑像是穿著帝王冠服，手持笏版，黑面長鬚，端坐於龍椅上，凸顯出神農大帝帝王的形象。

神農因具有農神與藥神的性格，因此與保生大帝及福德正神關係密切。有些村落會共同奉祀神農廟與保生大帝廟，並且雙方關係密切，如高雄後勁聖雲宮（保生大帝）與鳳屏宮（神農大帝）。也有些神農廟宇會同時奉祀保生大帝，例如三重市先嗇宮、臺中市興農宮，或是保生大帝廟宇奉祀神農，如臺北市大龍峒保安宮。

臺灣中部地區的神農信仰是以苗栗縣五穀宮為中心，包含南投縣地區都屬於其分香的範圍。

南部則是集中於高屏地區，例如高雄大社的青雲宮是著名的神農祖廟，其透過聯庄分靈的方式，使得神農信仰範圍越來越大，遍及十七庄的聯庄範圍，包含了大社區、仁武區、楠梓區、鳳山區等十七個村落，因此其香火鼎盛，是當地重要的宮廟。

神·明·小·知·識

神農大帝的面色

民間信仰的神農大帝，又可分為紅面、黑面與白面，現今較為常見的是紅面與黑面兩種。為何會有不同面色的表現，來自於信徒們將神農誤嘗毒草的傳說穿鑿附會的想像，例如紅面為神農帝在嘗百草中毒之前的臉色，中毒後則變為黑面。另外在新北市三重先嗇宮供奉的兩尊神農大帝像，紅面是呈現神農中、壯年之形象，黑面則為壯、老年的形象。

三重先嗇宮

先嗇宮，主祀神農大帝，原名「五穀先帝廟」，又名「五谷王廟」，日治時期才更名為「先嗇宮」，「先嗇」之名取自古代天子祭天之「八蜡」禮，「八蜡」者為「先嗇、司嗇、農、郵表畷、貓虎、坊、水庸、昆蟲」等八農業神是也，其中以「先嗇」為首，即神農之神。

先嗇宮廟宇創建於一七五五年（清乾隆二十年），原建於新莊三重交界的淡水河邊，但因容易受洪水侵擾，故遷移至三重五穀王村（現址）。現今的廟貌是在一九八二年擴建所抵定。

先嗇宮廟體由前殿、正殿、後殿、東西護室等組成，一九二五年（日大正十四年）重建時，採對場作（即兩組匠師進行施作以相較高下），由陳應彬匠師團隊製作虎邊，吳海桐匠師團隊製作龍邊，由於匠師的流派不同，對場施作的結果，使本廟呈現特殊的建築風格。

臺北本宮地址：新北市三重區五谷王北街七十七號

巧聖先師魯班

神·明·小·檔·案
誕辰：農曆五月七日
職司：木匠業、建築業祖師爺
重要宮廟：臺中東勢巧聖仙師廟

木匠祖師爺

魯班是一位歷史人物，其出身有許多說法，較為常見的是他原名為「公輸班」或「公輸子」，春秋時期魯國人，又被稱為「魯班」，不過也有公輸子與魯班為不同人的說法，然而不論其出身何地，魯班能夠成名是因其工藝技術的高超，被奉為木匠、建築業的祖師爺。

例如「班門弄斧」成語的意涵是指在技術高超的人面前獻技，用來形容人自不量力，在此所謂的班門，就是魯班。

奉祀魯班的活動在唐代時期已很盛行，明代時期流傳著一本《魯班經匠家鏡》，是當時木工、泥工等建築工匠的重要工具書，書中記載了魯班受封祭祀的源流、建造房舍的工法、常用家具的式樣與尺寸、魯班尺的運用等內容。

此書雖是後人編纂整理的工匠用書，不過卻以魯班為名，也因此後人引申為與木工或建築相關的工具與技術都是魯班發明的，例如尺規、刨刀、鑽頭、墨斗等工具的設計與使用。

建築工人的重要節日

供奉魯班的廟宇，稱為「巧聖仙師廟」或「魯班廟」，在中國、香港、臺灣等地都有不同的祭祀活動，例如在香港的魯班師傅誕辰為農曆六月十三日，這是木匠與建築工人的重要節日，全建築工人可放假一日，白天會先到青蓮臺魯班廟祭祀參拜，夜晚則由建商設宴請客，除了酬謝魯班師傅的庇佑，也慰勞各方人士，並祈求全年都能平安順利。

而中國木藝工會，除了會請戲班表演之外，另有一項傳統活動，叫做「派師傅飯」，利用大鐵鍋炒飯並發送給街坊鄰居的孩子們，除了有保平安的意涵，也祈求每個小孩都能擁有魯班一樣的智慧。

臺灣魯班信仰

臺灣的魯班廟，以臺中東勢巧聖仙廟最負盛名，此廟興建於清乾隆時期，當時清廷為取得造船所用的樟木，派遣匠首鄭成鳳率領軍工百餘人到東勢地區伐木，但與原住民時常發生衝突，於是在乾隆四十年（一七七五年）時從原鄉恭迎巧聖仙師令旗至東勢，以護佑軍工們平安，之後則建廟奉祀之。

因此東勢巧聖仙師廟為全臺巧聖先師的開基祖廟，每年農曆五月初七，各地的分靈廟必來謁祖進香。然而舊廟曾在一九九九年因九二一大地震時倒塌，幸好新廟在眾信徒的號召下於二〇〇四年重建完成，即為現今的廟貌。廟內除了供奉魯班公之外，另有泥水匠的祖師爺荷葉仙師，及掌管爐灶的鐵匠始祖爐公仙師。

手持魯班尺的巧聖先師魯班

近年來，隨著文化觀光的發展，魯班公聖誕擴大成為了文化活動，並結合了周圍景點，發展出相關的觀光活動，例如木雕創作競賽、踩街嘉年華會、巧聖仙師文化祭典等，成為當地的盛事。

張天師

神・明・小・檔・案

誕辰：農曆五月十八日

職司：道教祖師爺

重要宮廟：臺中市神岡區朝清宮、彰化縣北斗鎮天師公廟、臺南開基玉皇宮

道教祖師張道陵

「張天師」有兩種意涵，一是道教正一派傳人的尊稱，另一是道教祖師爺張道陵的尊稱，本文中的張天師為後者。

法術高超的張天師形象

張道陵，原名張陵，東漢時期沛國豐縣人。曾入太學修讀五經，也擔任過江洲令，但之後棄官隱居，《神仙傳》中記載他在四川鶴鳴山修道，之後則在江西龍虎山設道場，創立了「正一盟威道」，因當時入道者，需繳米五斗，故又稱「五斗米道」。

道徒們尊稱張道陵為天師，故五斗米道也稱「天師道」，因其傳人都是由親族子孫所世襲，於是之後張道陵的傳人皆尊稱為天師。

鎮宅守護神

在張道陵過世後，後代建廟崇拜，也衍生出許多傳說故事，被記載於《歷代神仙通鑑》、

《列仙全傳》等書中，例如描述他是如何獲得太上老君老子《道德經》的真傳，以及法術如何高超，能治病祛邪及驅邪捉鬼，民間信仰也將張天師作為鎮宅的守護神，早期流行一種天師鎮宅的年畫，很受歡迎。古代端午節也盛行一種辟邪物和門飾，叫「天師艾」。

北全真道、南正一道

事實上，五斗米道在魏晉南北朝時期仍屬於小宗派，而張天師只是道門內部的尊稱，一直到唐玄宗時期冊封張天師（張道陵後代子孫）為太師，因而入道者日益增加，也衍伸出其他門派。換言之，道教祖師爺張道陵的地位，於唐代獲得帝王冊封的肯定。元代以後，北方出現了道教另一大派全真道，而天師道改稱為正一道，主要盛行於南方。

道教正一派及張天師信仰隨著移民來到臺灣，但在臺灣以張天師為主神的廟宇並不多，較知名的為臺中神岡朝清宮、彰化北斗天師公廟等。

朝清宮天師廟建廟於清乾隆五十四年（一七八九年），此廟有兩株由天師道第六十三代教主張恩溥親自栽植的兩株榕樹。

臺南的開基玉皇宮主祀神為玉皇大帝，張天師雖為配祀神，但此廟有一「送天師」的傳統習俗，與張天師信仰有關。

詞·彙·開·講

送天師

由於臺南廟宇舉辦建醮時，幾乎都是正一派道長所主持，因此恭請祖師爺張天師蒞臨，除了有鎮煞的功用，也有具監督的意涵。

通常在建醮之前，廟宇就會到開基玉皇宮迎請張天師神像到醮壇供奉，等到醮期結束後，再將天師送回玉皇宮安奉，故稱「送天師」，活動會繞行整個臺南市街道，一方面是向各區的交陪廟宇問候，另一方面也有沿街鎮煞驅邪的涵義。

西秦王爺、田都元帥

西秦王爺與田都元帥是傳統戲曲界供奉的兩大主神，只要提到戲曲神明，一定會將兩者進行對照，以下分別介紹之。

西秦王爺：唐太宗、唐玄宗

西秦王爺，又稱西秦尊王。信仰的起源，有多種說法，較常見的說法與唐代帝王有關，民間認為西秦王爺就是唐太宗或唐玄宗。

唐太宗即李世民，本稱秦王，又曾要求宮中藝師創「秦王破陣樂」曲，故後世便稱李世民為西秦王爺。

唐玄宗則是因其個性風流文雅，喜愛歌舞音樂，因此特地在後宮搭建戲臺，稱為「梨園」，招攬天下聞名的戲子登臺演出，之後梨園便成為戲劇界的代稱，唐玄宗也被視為戲劇表演之祖。

至於西秦王爺稱號的來源，則是因為玄宗到了晚年，因寵幸楊

神·明·小·檔·案

誕辰：（西秦王爺）農曆六月二十四
（田都元帥）農曆六月十一日

職司：傳統戲曲、音樂之神

重要宮廟：（西秦王爺）臺北金山武英殿廟、臺中大肚天和宮、彰化梨芳園。（田都元帥）彰化玉渠宮、宜蘭漢聖宮、臺南安定靜安宮

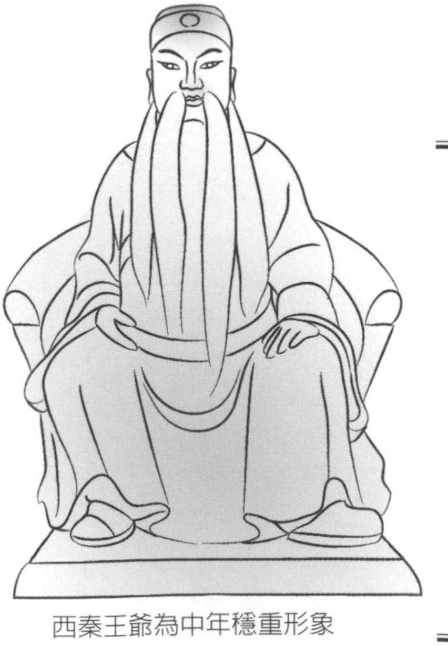

西秦王爺為中年穩重形象

貴妃，導致朝廷腐敗，引來安史之亂，首都長安被攻陷，玄宗帶著貴妃逃難至西蜀，西蜀又稱西秦，故被稱為西秦王爺。

田都元帥：雷海清、雷逢春

田都元帥，又稱「相公爺」、「雷元帥」。田都元帥係指何人？也有多種民間傳說的版本，較流行的是樂工雷海清與雷逢春兩種說法。

雷海清是唐玄宗時期的樂工，負責管理宮中梨園弟子，但在安史之亂時不幸過世，死後被皇帝追封為太常寺卿，故被後人奉為是梨園守護神，之後更成為民間樂曲之神。

雷逢春也是唐玄宗時期的人物，他是張巡將軍的部下，傳說在一次出兵打仗時，不幸被困於北山，唐軍在等待援兵的同時，雷逢春急中生智，利用操弄皮影戲吸引了敵軍的目光，進而抓住機會趁夜突襲，順利解圍，皇帝得知後便敕封他為大元帥。

臺灣北管、南管信仰

西秦王爺與田都元帥的信仰隨著戲班移民到了臺灣，臺灣傳統的民間音樂若屬於北管（福祿派）以供奉西秦王爺為主，使用的樂器包含北鼓、大鑼等敲擊樂器，音樂性質較豪放；若屬於南管（西皮派）則是供奉田都元帥，使用的樂器是琵琶、洞簫、三絃等彈撥樂器，音樂性質較柔和。

田都元帥是年輕的武將形象

清代時期，基隆、宜蘭地區是福祿與西皮戲派紛爭最激烈的地區，被稱為「福祿、西皮械鬥」，當時為了鞏固自身的戲曲地位及爭奪表演舞臺，兩方時常發生械鬥，一直到日治時期才逐漸平息，如今兩派已將兩神共同奉祀。

臺灣主祀廟宇

將西秦王爺奉為主神的寺廟有：臺北金山武英殿廟、臺中大肚天和宮、彰化梨芳園。

供奉田都元帥則有彰化玉渠宮、宜蘭漢聖宮、臺南安定靜安宮等廟宇。

其中宜蘭、蘇澳等地的田都元帥廟，每年農曆六月十一日都會舉行盛大的慶典，並且有樂團、戲團搭棚演出，另外民俗藝陣宋江陣也會一同加入，由於田都元帥也被視為是宋江陣的祖師爺，故又被稱為「宋江爺」。

兩大戲曲神比較

	西秦王爺	田都元帥
職司	戲曲	戲曲
神明起源	唐太宗：秦王破陣樂 唐玄宗：設立梨園	雷海清：梨園樂工，死後追封 雷逢春：軍隊部將，使用皮影戲欺敵
臺灣信仰	北管（福祿派）	南管（西皮派）
使用樂器	北鼓、大鑼等敲擊樂器	琵琶、洞簫、三絃等彈撥樂器
音樂性質	較豪放	較柔和
供奉廟宇	臺北金山武英殿廟、臺中大肚天和宮、彰化梨芳園。	彰化玉渠宮、宜蘭漢聖宮、臺南安定靜安宮。

孚佑帝君

神・明・小・檔・案

誕辰：農曆四月十四日或四月十日

職司：理髮業者祖師爺、五文昌之一

重要宮廟：臺北木柵指南宮、霧峰進南宮仙公廟、臺南東山仙公廟、高雄鳳山鎮南宮

呂洞賓傳說

孚佑帝君即為道教八仙中的呂洞賓，又稱作呂仙祖、呂仙公、純陽祖師等，屬於人格神崇拜，奉祀呂洞賓的廟宇俗稱「仙公廟」。

孚佑帝君即八仙中的呂洞賓

呂洞賓的本名有多種說法，常見的說法有姓呂名巖，字洞賓，號純陽子，另一說是姓呂名嵒。為何會成為道教的八仙之一，據說是因為呂仙祖雖然飽讀詩書，但卻始終與上榜無緣，多次考取進士都失敗，一次偶然的機會在長安酒肆遇見仙人鍾離權，他通過了仙人的考驗，而獲得修道之法。

南宋之後，民間傳說便出現了各種呂洞賓顯化度人的事蹟，在道教的說法中，「顯化度人」意指神明顯其變化之蹟，以達到開度教化的救世功能，這些事蹟被後人編寫成文集，一直流傳至清中葉。《純陽呂真人文集》就記載了呂洞賓化身多種面貌，如算命仙、藥販、修鞋匠、理髮師等各行各業進行扶危濟困，解救貧困百姓的事蹟。

呂洞賓也被視為全真教的開派教祖，全真教為道教的門派之一，盛行於元朝，其信仰的中心思想是強調道法修練與內丹術，當時流傳的《純陽帝君神化妙通紀》就是記載有關全真教信仰的思想與呂洞賓顯化度人的故事。

臺灣呂洞賓信仰重心

臺灣的呂洞賓信仰，主祀廟宇著名的有臺北木柵指南宮、臺南東山仙公廟、霧峰進南宮仙公廟等。另外呂洞賓常是文昌廟或關帝廟的配祀神明，這是由於呂仙祖飽讀經書的形象，被奉為是「五文昌」之一（常與關聖帝君、朱熹、魁星、文昌帝君合祀），民間也常將呂仙祖、關聖帝君、孔明、灶君等四位神明合祀，稱為「四恩主」。

臺北木柵指南宮，俗稱木柵仙公廟，是臺灣道教的重要聖地之一，其香火自清代引入臺北時，原供奉於艋舺，後因香火日漸鼎盛，信徒們決議捐資建廟，選址木柵，並取名為指南宮，此名乃取自「呂祖在天庭居於南宮」、「濟世度人須用指南針」之意。殿堂設置以道教神明為中心，兼祀儒教的孔子神像，與佛教的如來佛祖。

神·明·小·知·識

理髮店祖師爺

呂洞賓在民間又被視為是理髮店的祖師爺，相傳明太祖朱元璋因為幼年為癩痢頭，長大後結疤，每次理髮師為他理髮時，都會因不小心碰到頭上的疤而被處死。

呂洞賓為救無辜的百姓，便顯化為理髮師到宮中幫皇帝理髮，結果不僅治好了明太祖頭上的瘡疤，也解救了全國的理髮師。

皇帝想要獎賞祂，但祂只請求皇帝賜與一面紅旗，可插在理髮店門口，以護佑著全國的理髮師都能免於處死的恐懼，從此便被理髮業視為守護神。

至聖先師孔子

神·明·小·檔·案

誕辰：國曆九月二十八日

祭典：春祭：三月二十八日或二十四日，

秋祭：九月二十八日

職司：至聖先師、教育、科舉考試

重要宮廟：臺南孔廟、臺北孔廟、彰化孔廟、高雄左營孔廟

影響中國文化的儒家思想

孔子，春秋時期魯國人，名丘，字仲尼，後世敬稱孔子或孔夫子。他的儒家思想影響中國文化的發展，並擴及至周圍的韓國、日本等國，但與一般的民間信仰不同，孔廟與祭孔儀式，一直都是由官方主導，並且有嚴格的規範，因此祭拜者在封建時期多為士人階級及官員，並未在民間流行。

孔廟的興建是為表達對孔子人格及儒家思想的崇高敬意，在孔子逝世之次年，魯哀公就於孔子故宅立廟，到了漢代時，漢高祖劉邦以太牢祭祀孔子，開啟了歷代帝王祭孔之先河，而孔子的後世子孫則被皇帝授予專門奉祀孔子的職位。

原先僅在其故鄉設立孔廟，北魏時期皇帝下詔設立孔廟於京師，到了唐太宗時期進一步在

手持書卷的至聖先師孔子形象

州、縣學中廣設孔廟，於是從中央至地方皆有孔廟及進行祭孔儀式，並隨著科舉考試制度的施行，孔子與儒家教育已深深影響文人思想。

臺灣孔廟發展

臺灣最早的孔廟，是明永曆十九年（一六六五年）鄭經在臺南所建，由陳永華所倡建，當時稱為「先師聖廟」並設有國學，即所謂「廟學合一」，因此臺南孔廟又被稱為「全臺首學」。

到了清代時期，則依據《大清會典》在各府、縣治設立儒學，孔廟才在臺灣其他各地設立，不過臺南孔廟仍是臺灣最完整且古老的廟學建築群，主體建築依循著左學右廟的規制，在大成殿供奉著孔子神位，其兩側則分立四配十二哲，殿上屋架則懸掛著歷代皇帝及元首頒賜的匾額，反映出孔廟的獨特性與政治象徵性。

詞·彙·開·講

釋奠禮

祭孔典禮又稱為「釋奠禮」，意旨設置祭品以祭祀神祇，乃是古代祭祀先聖、先師禮儀的名稱，並非專指孔子，然而隨著時代發展，現今僅有祭孔的「釋奠」典禮保留較為完整的儀式制度與古禮的精神，故已成為祭孔典禮的專稱。

孔廟每年舉行春、秋二祭的釋奠禮，儀式活動有禮儀官、樂生、舞生、糾儀官、陪祭官、分獻官、正獻官等執事人員，配合三獻禮，三樂章及樂舞分段進行。

臺南孔廟的釋奠禮，自創建孔廟之後就延續至今，已有三百多年的歷史，其有關典禮流程、禮器、擺設、佾舞、意涵等詳細內容都收錄於日本昭和八年（一九三三年）出版的《聖廟釋奠儀節》書中，是現今研究釋奠禮的重要參考資料。

舉辦釋奠禮的人員由孔廟內以成書院的院生所負責，雖然歷經了政權更迭與戰亂，然而在院生們的努力維護下，祭孔儀節與禮樂器具依舊被完整的保存，實屬可貴，因此被列為臺南重要的文化資產，而祭孔結束後的拔智慧毛（牛毛）活動，則是最受學生們歡迎與期待的活動項目。

臺南孔廟

創建於一六六五年（明永曆十九年），是臺灣最早創設的孔廟，不僅是官方祀廟，也具有府學的功能，因此有「全臺首學」之稱。

臺南孔廟建築規劃設計是依循著古代孔廟建築的傳統，為典型左學右廟、前殿後閣、三進兩廂的三合院格局，正殿為大成殿，附屬建築有明倫堂、文昌閣、崇聖祠等。

臺南孔廟被列為國定古蹟，也是知名的文化觀光景點，但較少為人所知的是臺南孔廟所藏的銅製禮、樂器的數量與類別可說是全臺寺廟之冠，在禮、樂器庫中展示的青銅禮器不僅呈現出自清代、日治時期至二十世紀等各階段統治時期官鑄銅器的樣貌，例如一七七六年（清乾隆四十一年）臺灣知府蔣元樞捐造的青銅禮器，為臺灣現存最早的官府鑄器，因此臺南孔廟所保存的釋奠禮儀式及禮樂祭器成為了臺灣各地孔廟的典範與參考依據。

地址：臺南市中西區南門路二號

中壇元帥太子爺

神·明·小·檔·案

誕辰：農曆九月九日

職司：兵力之神、藝人與駕駛守護神

重要宮廟：新營太子廟、高雄市三鳳宮、臺南昆沙宮、臺南沙陶宮

兒童神崇拜

中壇元帥，又稱大羅仙、太子元帥、玉皇太子爺、哪吒太子。太子爺信仰是屬於兒童神崇拜，起源於佛教的神明，故事出自印度古神話，傳說信仰原型應為毗沙門天王之太子，其形象為身著甲冑，右手持寶棒，左手持掌寶塔，塔內供奉釋迦牟尼佛。

隨著佛教傳入中國，太子爺崇拜與民間信仰結合，在唐宋時期則被納入道教的系統，且被寫入《西遊記》、《封神演義》等傳奇小說中。

太子爺為人熟知的哪吒形象

在道教系統中太子爺被稱為中壇元帥，即中營大將軍，統率東、西、南、北、中五營的神將神兵，是玉皇大帝駕前的神將。

封神演義中的哪吒形象

太子爺為人所熟知的形象出自於《封神演義》裡的哪吒，哪吒是李靖將軍的第三子，傳說是靈珠子投胎，其母親懷孕了三年多竟生下一顆肉球，李靖將肉球劈開後，才發現裡面有一嬰兒，暗示此嬰兒非常人也。

哪吒從小就有神力，長大後拜太乙真人為師，在七歲時跑去東海遊玩，卻因貪玩驚動了海底龍宮，龍王之子便率蝦兵蟹將與哪吒戰鬥，沒想到哪吒神力驚人，龍王三太子敖丙不但大敗，且被哪吒抽取龍筋。龍王得知其子慘遭羞辱，便怒告玉皇大帝，要求李靖將軍負責，哪吒自知惹了禍，不想拖累父母，於是決定刻肉還母，刻骨還父，以感謝父母的養育之恩。而祂僅存的靈魂則被師父太乙真人所救，帶至蓮花求化身，重造骨肉。

於是太子廟中的哪吒太子神像造形都以孩童形象表現之，身上會穿肚兜或戰甲，背披渾天綾、手持火尖槍、乾坤圈、腳踏風火輪或持各項法寶，呈現出太子爺天真且具正義感的特徵。

臺灣的太子爺信仰與傳說

太子爺信仰在清初傳入臺灣，當時建立的太子廟大多位於臺南，其中新營太子廟是臺灣各地中壇元帥太子廟的祖廟之一，分靈廟眾多，興建於康熙二十七年（西元一六八八年），因神力威望遠播，當地也因此得名為「太子宮」。廟貌莊嚴，是一棟五層樓建築的大廟，分前後兩殿，並附設香客大樓，廟頂並安置一尊中壇元帥大銅像，高三十一尺，重達十二噸，是當地的著名景觀與地標。

當地流傳許多關於太子爺有趣的事蹟，例如傳說太子廟廟埕前的盤龍溪早期是村莊裡孩童游泳、打泥仗的地方，在孩童們玩要時會有一小男孩突然加入其中，不過當這位男童不小心被泥塊打到時，就會迅速跑到廟內消失不見，隔天，廟祝打掃時便發現太子爺神像上竟沾有泥塊，原以為是村內孩童的惡作劇，但經過幾次觀察後，才發現原來是太子爺跑去與村落孩子遊玩所留下的，讓人不禁會心一笑。

神・明・小・知・識

藝人與駕駛守護神

哪吒太子因其活潑又具神力的形象成為演藝人員所崇敬的神明。

而腳踏風火輪的形象，呈現出速度感與行動自如的特徵，被專業駕駛人如貨車司機、計程車司機奉為其職業的守護神。

高雄三鳳宮

三鳳宮舊名「三鳳亭」，主祀中壇元帥哪吒三太子，簡稱「中壇元帥」、「太子爺」。

為三塊厝居民之守護神，故又稱為三塊厝太子廟，管理委員會則稱為三塊厝與德團。原廟址在建國三路上，後遷建至河北二路現址。重建後的廟體採中國北方宮殿建築形式，以鋼筋水泥仿造琉璃瓦屋簷。

三塊厝在清領時期是由王、蔡、鄭三姓族人組成的聚落，本為隸屬於愛河支流的港口，可航行船隻至打狗港，因此商品交易頻繁，三塊厝街（今三鳳中街）因此繁榮，居民們將此歸功於三太子的護佑。三鳳中街在原本南北貨與中藥材批發買賣集散地的基礎上，現已轉型成高雄市知名年貨大街。

地址：高雄市三民區河北二路一三四號

有應公、萬應公

神・明・小・檔・案

誕辰：各地不一
職司：撫慰亡魂、有求必應
重要宮廟：雲林金湖萬善爺廟、金湖舊港邊萬善祠（蚶仔寮）及口湖萬善爺廟（下寮仔）

遍布全臺的有應公

民間信仰中，有一類祭祀是屬於人鬼神崇拜，被稱為「有應公」、「萬應公」、「萬善爺」、「大眾爺」等名稱，神格基本上與之前介紹的義民爺相同，都屬於無主孤魂，但義民爺因與官方合作協助鎮壓民變，而被提高了神格，之後演變成為客家人奉祀的主要神明。

有應公信仰遍布全臺

至於有應公、萬善爺寺廟則遍布全臺各地，規模最大如雲林口湖萬善爺廟，是供奉千人亡魂的大廟，但一般常見的有應公廟多散布在河邊、路邊或鄉野間，祠堂規模甚小，奉祀著某一尊無主孤魂，有些神格較高者會被尊稱為將軍或某某公等稱號。

事實上「有應公」、「萬應公」的稱號，是從日治時期才逐漸出現，清代的文獻記載中都將此廟稱作「大眾廟」、「萬善祠」，奉祀的目的也與日治時期有別，清代人重視的是讓亡魂有所歸宿，於是有在廟宇中停寄棺柩的習俗，讓亡魂能有機會返鄉下葬，也因此當時的寺廟規模相較於日治時期大了許多。然而到了日治時期，祭祀孤魂的意涵已產生在地化的轉變，亡魂返鄉的習俗逐漸淡化，轉而著重廟宇的祈願求應。

求明牌風潮

有應公信仰最盛行的時期是一九八〇年代，臺灣社會流行大家樂、六合彩等賭博遊戲，許多賭徒前往各地的有應公廟求取明牌，當時只要聽說哪間廟出明牌，就會吸引眾多人潮，甚至奉祀動物神或植物神的廟宇都非常興盛，例如臺北的十八王公廟。

然而也因過於沉溺在追逐金錢的遊戲中，造成社會風氣扭曲，將寺廟與神明捲入賭博遊戲當中，使得一般民眾對有應公信仰產生不良的印象，幸好之後逐漸導正社會風氣，讓此信仰也回歸一般廟宇，幾間重要宮廟則轉為財神廟性質，供各行各業人士祈求發財金。

詞·彙·開·講

牽水(車藏)

雲林口湖鄉萬善爺廟是著名的萬善祠，當地的牽水(車藏)（音狀）習俗已被指定為國家的重要民俗活動。

此活動是由雲林金湖萬善爺廟、金湖舊港邊萬善祠（蚶仔寮）及口湖萬善爺廟（下寮仔）三間廟宇共同舉辦，此習俗至今已有一百七十多年的歷史，固定於每年農曆六月七、八日舉辦。

祭祀活動起源於西元一八四五年農曆六月初六、初七因颱風來襲，連續下了幾天的豪雨，導致北港溪溪水暴漲加上海水倒灌，奪走了口湖、四湖沿海地區數千人的性命，為緬懷百年前水患中罹難的先人，此活動最特別的是在路旁放置的水(車藏)，成為臺灣規模最大的水難祭儀。

祭祀活動包含有超渡科儀、放水燈及徒步挑飯擔祭祖、夜間萬人塚點燈等內容，顯現出悲憫祈福的文化精神，極具在地特殊性與歷史意涵。

九天玄女

神‧明‧小‧檔‧案

誕辰：農曆二月十五日

例祭日：農曆正月廿四日

職司：兵書之神、戰神、製香業者的祖師爺

重要宮廟：臺中市沙鹿區開基祖廟朝奉宮、苗栗縣獅潭鄉仙山協靈宮

玄鳥傳說

九天玄女又稱玄女，在傳說故事中是救助危難、傳授兵法，扶弱濟貧的女神，也被香燭業奉為行業神祭拜。

手持寶劍的九天玄女形象

然而溯其信仰的起源，從文獻中得知九天玄女的由來可分為玄鳥說、女魃說、天神說三種，其中玄鳥說是民間最廣為流傳的說法，民間認為九天玄女的原型為玄鳥，是中國古代商朝人的始祖，玄鳥後來化身為玄女，並被寫入神話故事中，傳說黃帝對抗蚩尤，起初九戰九敗，幸獲人首鳥形的九天玄女傳授兵法，才成功地擊敗了蚩尤。

事實上玄鳥之人首鳥形的形象出現於六朝，是被納入道教系統後才產生的新形象，因為在道教的成仙理論中，羽化登仙是非常重要的概念。到了宋代的《雲笈七籤》中，九天玄女則被徹底人神化，成為道地的女神仙，脫離了半人半禽的造形，轉變為一位專門扶助英雄將士、授予天書兵法的女戰神。

小說中的女戰神形象

九天玄女成為女戰神的形象，常被寫入中國古代傳奇小說中，流傳較廣的有《大宋宣和遺事》、《水滸傳》、《女仙外史》和《薛仁貴征東》等書，例如《水滸傳》中，宋江被梁山好漢救上山後，因心念父親，故決定下山接老父，但不料被官兵發現，在慌忙中逃到了還道村玄女廟避難，玄女娘娘當下顯靈拯救宋江，同時送他三卷兵法天書，讓他可返回梁山統領眾好漢以替天行道，之後又獲玄女娘娘傳授陣法。《薛平貴征東》一書也記載，玄女娘娘賜給薛平貴白虎鞭、水火炮、震天弓、穿雲箭，無字天書等法寶，協助薛平貴能順利征服高麗。

然而在民間，九天玄女常與女媧娘娘的神話混在一起，事實上兩者的形象並不相同，九天玄女的造型可分為持劍的九天玄女和持拂塵的九天玄女，持劍者是除妖斬魔的戰神相，持拂塵是講經說法的修行相；而女媧娘娘則是代表創世神，兩者的神格屬性並不相同。

《陣頭》原型故事

在臺中大肚山上的九天玄女廟，有個知名的陣頭團體，即為「九天民俗技藝團」，此團原本僅是參與廟會的傳統陣頭，但之後在許振榮團長的帶領下已轉型成為劇場表演的民俗團體，目的是將民間技藝提升為表演藝術，並於國際舞臺巡迴演出，推廣臺灣的傳統文化，二〇一二年上映的電影《陣頭》就是取材自九天民俗技藝團的故事改編而成。

神·明·小·知·識

香燭業祖師爺

臺灣香燭業供奉九天玄女，在《臺灣民俗．祭神》中記載：「九天玄女，又稱連理媽，有大媽至九媽的九尊神體，香燭業者祀之。」顯示這是臺灣在地的祭拜習俗。業者尊稱玄女為「香媽」，據說是因為香媽在未成仙之前，是個孝順且乖巧的女孩，而她在父親生重病時，細心照料，將中藥材磨成粉末並製成香條，方便父親吸入藥氣，成功地治癒了父親，之後便將九天玄女視為「香」的祖師爺。

易牙

神·明·小·檔·案

誕辰：農曆六月二十八日

職司：廚藝祖師爺

重要宮廟：高雄前鎮易牙廟

廚師祖師爺

易牙是廚師業供奉的重要祖師，事實上被廚師奉為祖師爺還有彭祖、伊尹、詹王等人，但以易牙流傳最廣。

根據史書的記載，易牙又名雍巫、狄牙，是春秋時代齊國的名廚，為滿足齊桓公的口腹之慾，曾「蒸其子首而進之」，而深得寵信，此為「易牙蒸子」或「易牙烹子」典故的由來，喻指為謀取私利而喪盡天良。不過後人奉祀的原因主要是崇拜易牙的廚藝高超，並未強調其人格與道德。

在中國飲食文化中，很多料理也都與易牙有關，例如元明之際的《易牙遺意》，內容記載湯餅、齋食、蔬菜、籠造等類的料理方法。

明代又出版了《續易牙遺意》增加了湯品的作法，這類食經的出版不僅將中華料理做了有系統的整理，也將易牙的地位更為提高。

臺灣的易牙信仰

臺灣的易牙信仰則是興起於國民政府遷臺後，當時移民來臺的廚師，多是倚靠商行及辦桌為生，他們一方面將中國各地料理與臺灣料理進行結合，也依循著傳統飲食文化來祭祀易牙祖師。

一位定居在高雄的章棟樞廚師有感於深受易牙祖師的庇佑，讓他得以事業興旺，故決定在高雄前鎮區興建易牙廟，率領眾總鋪師定下入行行規，凡靠行辦桌廚師，皆須繳費加入易牙祖師會，以及擲筊選定農曆六月二十八日為聖誕日，並於聖誕日辦桌祭拜祖師爺。而當有老總鋪師過世時，廟方則會將其姓名寫於卷軸，一併於祖師聖誕時祭拜，稱為「先緣」。

神・明・小・知・識

廚藝頂絕的易牙

易牙廚藝在春秋時期就已廣受推崇，《呂氏春秋》中記載：「孔子曰：『淄澠之合，易牙嘗而知之。』」

說明即便將淄水與澠水兩條河的水混合起來，易牙也能分辨，形容易牙的味覺靈敏。

東漢王充的《論衡》也提及：「狄牙之調味也，酸則沃之以水，淡則加之以鹹，水火相變易，故膳無鹹淡之失也。」

描述易牙利用水、鹹（鹽）、火的調和使用，就能做出酸鹹合宜且美味的料理。

易牙文化祭典

早期的易牙祖師聖誕，除了邀請眾廚師烹煮菜餚祭祀，也會舉辦蔬果雕花、冰雕及捏麵人等表演活動，以及聘請歌仔戲、布袋戲團、南北管樂團等進行酬神活動。

在一九九七年時，高雄市易牙祖師會為了提供餐飲科學生共同切磋廚藝的機會，成立了高雄市易牙廚藝學會，並將易牙祖師聖誕擴大成為易牙文化祭典活動，增加了多種廚藝展示競賽、才藝表演、試吃會、嘉年華等活動，其中最重要項目是「君臣宴」，這是透過繁複的古禮儀式來表達對易牙祖師的崇敬之意。

易牙祖師是古代的廚師形象

濟公

神·明·小·檔·案

誕辰：農曆二月二日

職司：財神、行醫救世

重要宮廟：嘉義南恩禪寺、旗山五龍山鳳山寺、甲仙天臺山靈隱寺

真有其人的濟公

濟公又稱濟公活佛、濟公和尚，是屬於佛教的神明，在結合了民間信仰之後，則成為佛道兩教特色的神明，濟公以庶民式的語言及作風來傳遞佛法，廣受民間喜愛與推崇。

濟公在歷史上確有其人，俗家姓李，是宋代浙江時人，十八歲時在杭州靈隱寺剃度為僧，法名「道濟」，後移居至淨慈寺。道濟不同於一般出家吃齋唸佛的僧人，並不遵守佛家戒律，喜好喝酒吃肉，行為舉止癲狂又裝瘋賣傻，因此被人們稱為「濟顛」或「濟顛僧」。

濟公的傳說故事在南宋時期開始流傳，到了清代則被小說家集結成《濟公全傳》一書，在民間傳說中，濟公是個專門懲治嘲弄貪官汙吏，路見不平拔刀相助的傳奇人物，並且醫術高超，專門醫治貧病無依的百姓。

《濟公傳》書中的顯聖故事，事實上除了民間傳說之外，也蒐集了許多取材自《高僧傳》中諸多高僧的事蹟，如《梁高僧傳》、唐道宣撰的《續高僧傳》等書，都是小說家取材來源。

濟公的造像源於《濟公傳》描述的形象，身穿破僧衣，手持一把破扇，不過廟宇中濟公造像的表情與一般神像並不相同，造像面部表情可分為「春風滿面」、「愁苦滿面」、「半嗔半喜」等三類。

臺灣的濟公信仰

臺灣的濟公信仰盛行，有許

多著名的濟公廟，例如嘉義的南恩禪寺、甲仙天臺山靈隱寺、旗山五龍山鳳山寺等。

其中旗山五龍山鳳山寺，在廟埕建造了高七丈九尺二寸的超大尊濟公神像，面部表情就是春風滿面、笑容可掬，是臺灣濟公廟的祖廟之一，廟宇創建於清朝嘉慶年間，早期供奉觀音佛祖，在一九五六年濟公顯聖跡後，香客與信徒便源源不絕，此廟香火鼎盛，是旗山地區著名的濟公廟。

嘉義的南恩禪寺位於仁義潭管理局的後方，其特色是製作耗資上億，高十一點一公尺，號稱亞洲最大一體成形的樟木木雕濟公神像，有趣的是在立廟時，正殿吸引了燕子築巢，形成大佛小燕共處的逗趣景象。

手穿破僧衣、手持蒲扇的濟公形象

詞·彙·開·講

古井運木

濟公著名的神蹟有「古井運木」、「破扇濟貧」、「羅漢轉世」等故事，其中古井運木是濟公協助淨慈寺建寺的故事。

當時的住持妙崧禪師為了重建寺院，急需各方捐助募資，於是請濟公起草募資的榜文，濟公先要求住持賞酒一壺，喝酒後興致一來，寫出妙句：「下求衆姓，蓋思感動人心；上扣九天，直欲叫通天耳。」此文一出，果然迅速獲得足夠的建寺基金。

再來的問題是需搬運建廟的大木，濟公這次要求要喝到大醉，醉了三天三夜醒來之後，便說到大木已運到，請人到井口協助搬運，果然井中浮出大木，拉出井後，又有一根冒出，一連拉出七十根，當建廟木材足夠時，井裡的最後一根木頭就再也拉不出來，之後此口井被稱為「運木古井」，濟公的神蹟故事也因此被人們廣為傳頌。

魁星

主管文運的星宿

魁星又稱魁星爺、大魁夫子、大魁星帝，為五文昌之一。

魁星起源於星宿信仰，是屬於二十八星宿中的奎星，為北斗第一星，被視為是主管文運之神，故東漢時期有奎主文章的說法，並稱皇帝寫的文字為奎書，「奎」與「魁」皆有首的意思，而以「魁星」用法較為常見。

古代科舉考試以五經取士，五經即《詩》、《書》、《易》、《禮》、《春秋》，每經所考取的第一名稱《經魁》，故稱「五經魁」或「五魁」。

而舉人第一名稱為解元，又稱「魁解」；進士第一名稱為狀元，又稱「魁甲」。

因此士大夫與考生們崇敬魁星爺，希望能得到祂的護佑，祈求考運亨通，科試及第、獨佔鰲頭，於是魁星從星宿神演變成為士子文人的守護神，在全國各地常見有魁星樓、魁星閣、文昌閣之類的建築。

神‧明‧小‧檔‧案

誕辰：農曆七月七日

職司：文運之神，五文昌之一

重要宮廟：淡水魁星宮、臺南孔廟旁的文昌閣、赤崁樓旁的文昌閣

魁星信仰的傳入

魁星的祭祀活動在清代時期傳入臺灣，清代文獻《安平縣雜記》中記載農曆七月七日是魁星聖誕，士大夫及各公、私塾的學生會在當天晚上準備祭品奉祀，也會邀請戲臺酬神，並擺宴歡飲至深夜，非常熱鬧，此活動被稱為「魁星會」，這天各地公、私塾都放假一日，學生會邀請塾師一起共赴盛宴。

不過現今的農曆七月七日則是強調牛郎織女的七夕節日，魁

星會活動只遺留在史書記載中。

魁星信仰廟宇

現存主祀魁星爺的廟宇並不多，大多被列為文昌廟的合祀神，奉祀魁星爺著名的廟宇如臺北淡水魁星宮，臺南赤崁樓文昌閣等。

在淡水的魁星宮原本是奉祀著王家人的私神，但在一九八四年改建後則轉為供眾人祭拜，特殊的是此間廟宇除了奉祀魁星爺之外，另外也祭祀「蔣公中正天尊」，由於王家與蔣中正總統有段淵源，因此在蔣中正逝世後，王家人決定塑金身以祭之，造形就是參照蔣中正本人所做，神像左手持有「蔣公聖言——實行三民主義」寶卷，極具特色，此廟是臺灣少數將蔣中正視為神明祭拜的廟宇。

神·明·小·知·識

由「魁」字發想的形象

魁星爺的形象是以「魁」字望文生義發想而成。

故造像如鬼之臉，右手高舉硃筆，左手執墨斗，右腳立於龍頭魚身的鰲頭之上，左腳向後蹺起如踢星斗，表示在用筆點選中試者的名字。

此造形表現就是俗諺所說的：「魁星踢斗，獨佔鰲頭。」

魁星爺右手高舉硃筆、左手持墨斗，左腳向後翹起

第五類

愛情婦幼守護神

月老

神·明·小·檔·案

誕辰：農曆八月十五日

職司：姻緣之神

重要宮廟：臺北霞海城隍廟、臺南大天后宮、臺南祀典武廟、臺南大觀音亭、臺南重慶寺、高雄武廟

月老傳說故事

月老是中國的愛神代表，是民間未婚男女祈求姻緣必定參拜的神明，然而月老並非實際的歷史人物，而是屬於傳說神崇拜的信仰，月老的創造象徵著人們對於婚姻的嚮往。

月老故事出自於唐代的傳奇小說，記載於《續幽怪錄》（原名《續玄怪錄．定婚店》）中，故事內容為：

有一男子名叫韋固，在路過宋城時偶遇一位揹著行囊的老翁，在月光照明下翻閱著一本姻緣簿，韋固好奇地問老翁行囊內裝的是什麼東西，老翁回答：這是牽綁著夫妻之緣的紅線，只要紅線一綁，男女不論是貧賤富貴都能夠終成眷屬（此即為「千里姻緣一線牽」典故的由來）。

韋固又問，那麼他未來的妻子在何方呢？老翁查看了一下姻緣簿，然後回答說，就是在街頭賣菜攤的小女兒，才剛滿三歲，韋固不信此事，認為是無稽之談，便與老翁告辭。

十四年後，相州刺史王泰想要重用韋固，決定將女兒許配給他，經過細問才發現他的新娘就是當年老翁提及的那位小女孩，原來女孩長大後，因緣際會被王刺史所收養，於是韋固終於確信老翁所說的話。隨著此一傳說故事的流傳，月下老人逐漸成為了姻緣的守護神。

臺灣月老信仰

月老常見的形象，大多是身著長袍、戴官帽、蓄長鬚、手持拐杖，呈現微笑老人貌。

臺灣民間主祀月老的寺廟很少，但有許多廟宇因配祀月老進而香火更為鼎盛，例如北部的大稻埕霞海城隍廟、艋舺龍山寺以及南部的臺南大天后宮、鹿耳門天后宮、祀典武廟、高雄武廟等廟宇的月老都是民間盛傳很靈驗的月老公公，從這些廟的供桌上常見喜餅禮盒就知其熱門的程度。

有趣的是，各地的月老都有不同求姻緣的方式，例如臺北霞海城隍廟第一次拜月老的時候要準備鉛錢、紅絲線及喜糖三樣供品，參拜完需將鉛錢與紅絲線過爐後放置皮包或皮夾中。

臺灣民間盛行的拜月老風氣，使得這些著名的廟宇成為了熱門觀光景點，不僅吸引了各地信徒參拜，名氣甚至遠播至日本、韓國、香港等亞洲國家。

神·明·小·知·識

臺南四大月老

臺南有四間著名的月老廟：重慶寺、大觀音寺、大天后宮與祀典武廟。

民間盛傳這四間月老各有其專長特色，未婚的男女要向大天后宮的月老求緣粉，代表著有緣有分；大觀音亭的月老是求紅線，祈求月老幫你牽紅線；重慶寺的月老廟中有醋矸，具有情人合和、夫妻恩愛之意；祀典武廟則是讓有對象的男女都可盡快結婚，幸福美滿。

手持拐杖的月老

臺中樂成宮

樂成宮主祀天上聖母（俗稱旱溪媽祖），主體建築初建於一七九〇年（清乾隆五十五年）。

旱溪街是臺中東區最早開發的地區，以林姓族人為主進行拓墾，廟宇曾在一九二一年（日大正十年）聘請名匠師陳應彬進行設計重修，至一九二九年（日昭和四年）全部工程方始竣工，整體建築為九開間起、三落「回」字型的四合院格局，內部的木構、木雕、彩繪、交趾陶、剪黏等工藝都是聘請知名的匠師所做，呈現出寺廟建築的創造性與藝術性。

自清代延續至今的「旱溪媽祖遶境十八庄」民俗活動，遶行區域涵蓋臺中十個行政區，不僅是當地盛事，也被列為民俗類文化資產。另外樂成宮副祀的月老星君是臺中著名的月老廟，想求姻緣的單身男女有空可到此點香祭拜祈求紅線。

地址：臺中市東區旱溪街四八號

註生娘娘

神・明・小・檔・案

誕辰：農曆三月二十日
職司：生育之神
重要宮廟：高雄橋頭註生宮、新竹縣湖口鄉祥喜註生宮、臺南城隍廟的註生娘娘

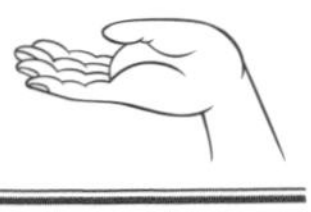

臺灣常見副祀神

註生娘娘是臺灣民間信仰常見的副祀神，在奉祀媽祖、城隍廟、觀音媽等廟宇中常將註生娘娘副祀於主神旁——龍邊神龕的位置，被視為是婦女生產與庇護幼兒的守護神。

關於註生娘娘信仰的起源，說法不一，許多人認為臨水夫人與註生娘娘是同一人，這與兩者皆主管婦女生育之事有關。不過註生娘娘與臨水夫人兩者仍有不同的發展脈絡，本篇先介紹註生娘娘，臨水夫人則留待下篇介紹。

雲霄三仙傳說

註生娘娘是屬於傳說神崇拜，起源於明代的《封神演義》，書中描述到註生娘娘是雲霄、碧霄與瓊霄三仙，她們死後被合一封為神，執掌著轉劫化吉的法寶——混元金斗，這是《封神演義》中威力強大的法寶之一，可收納天地萬物，亦與天地的起源有關，故引申為凡人之生育，俱由此而化生，職是之故，三仙主司人間生育之事。之後又有子孫娘娘、碧霞元君、金花夫人等稱號，她們的兄長是著名的武財神——趙公明。

右手持筆、左手拿生育簿

臺灣民間常見的註生娘娘形象大多是採坐姿、右手持筆、左手拿生育簿的姿態，據說生育簿上記載著每位婦女有幾個小孩及性別。

有些廟宇的註生娘娘與媽祖的造形相似，或者將臨水夫人與註生娘娘共同奉祀，一般信徒較難區分，僅能藉由廟宇介紹得知。

臺灣註生娘娘故事

有趣的是，少數主祀註生娘娘的廟宇並不是奉祀雲霄三仙，亦非臨水夫人，而是有特殊原因才成為註生娘娘的。

例如高雄市橋頭的註生宮，奉祀的註生娘娘俗名為林照雪，雖然規模不大，但據說很靈驗，有許多信徒前來求子，並且抱著嬰兒來還願；新竹湖口祥喜註生宮，主祀註生娘娘與觀音佛祖，註生娘娘也具有觀音的神格，在民間頗負盛名。

在臺南城隍廟中的註生娘娘，依據在地的說法，此尊神明是來自福建泉州的趙貞娘，據說趙氏在訂婚後第三天，其未婚夫遭到盜賊殺害，噩耗傳來，趙氏不改其約定仍堅持嫁給未婚夫，嫁入夫家後雖遭到不平等的對待，趙氏仍孝順地照顧公婆，此事蹟之後被縣官稟報至朝廷，皇上便下令為她設立貞節牌坊，俗稱趙貞娘，因病過世後則被提升為神，並被派至泉州城隍廟擔任註生娘娘，臺南城隍廟的註生娘娘就是從泉州城隍廟分靈而來。

註生娘娘是婦女生產、庇護幼兒的守護神

臨水夫人

神·明·小·檔·案

誕辰：農曆正月十五日

職司：婦孺守護神、救產之神

重要宮廟：臺南臨水夫人廟、白河臨水宮、高雄旗津臨水宮、鹿港臨水宮

來自於福州移民的傳說

臨水夫人，又稱順天聖母、順懿夫人。與註生娘娘同屬於守護生育之神，常被視為同一神，不過臨水夫人信仰主要盛行於臺灣南部，是源自於福州的移民傳統。

臨水夫人本名陳靖姑，唐代福建古田縣臨水鄉人，從小就具有靈力，長大後拜許真人為師學習驅魔法術與劍法，因其生性慈悲，故時常替地方百姓驅邪除害，例如她曾以高超劍法斬殺山洞中的毒蛇，讓鄉里村人免於毒蛇的威脅。

有高超劍法形象的臨水夫人

後來陳靖姑與同鄉的仕紳結為連理，然而在懷孕期間，因家鄉鬧旱災，她為了解救村落面臨飢荒的危機，帶著身孕祈雨，不幸動了胎氣流產而死，年僅二十四歲，臨終遺言為：「吾死必為神，救人產難。」

另一則傳說同樣是她在懷孕期間，受鄉民所託，必須制服危害地方的蛇妖，於是她利用法力將胎兒先安置於家中，沒想到卻中了蛇妖的圈套，胎兒被妖魔所食，她悲痛萬分，便立誓終生為保護婦女及胎兒為其職責。

陳靖姑成神後，多次顯靈解救鄉人的危機，因此隨著神蹟故事的傳播，民間逐漸將她視為產婦與胎兒的守護神，並因拯救皇后難產有功被封為「都天鎮國顯應崇福順意大奶夫人」，之後又有「順天聖母」等稱號。

在道教系統閭山派中，有一派就將陳靖姑、林紗娘、李三娘三位女神合稱為三奶夫人，稱為「三奶派」，此派的特點是在做法事時綁紅頭巾為標示，又被稱為「紅頭法師」。

臺灣的臨水夫人信仰

臺灣的臨水夫人信仰，最早始於臺南，以白河臨水宮與臺南臨水夫人廟最為知名，兩間廟宇都是清代時期所創建。

白河臨水宮是由蘇姓移民自福建遷移來臺時所供奉，因歷史悠久，香火興盛，分壇至全臺已超過兩百個地點。

臺南臨水夫人廟創建於清乾隆時期，由福州移民傳入，廟中另有配祀花公、花婆、註生娘娘、三十六婆姐、大聖爺（丹霞大聖）、二奶夫人、三奶夫人等，此廟有一特殊習俗，假若小孩出生抵抗力較差，常有生病的現象，可到廟宇向臨水夫人請將小孩收為誼子，與夫人媽訂立契約，若夫人媽同意則可獲得一香火袋，請信徒過完香火後再幫小孩戴上，等到孩童十六歲後就可回到廟宇脫絭，這一拜契習俗也成為臺南在地文化的特色之一。

詞·彙·開·講

馬祖的「牛角做出幼」

在馬祖地區，保留著與臨水夫人信仰相關的「牛角做出幼」慶典活動，牛角是南竿鄉復興村的古地名，「做出幼」意指成年禮，這是由南竿鄉牛峰境五靈公廟所主辦，透過隆重的儀式來宣告孩童長大成人，以及感謝臨水夫人的護佑，活動包含喜娘送喜、道長祈福、過火爐等儀式，現已成為當地的年度文化盛事。

七星娘娘

神·明·小·檔·案

誕辰：農曆七月七日（七夕）
職司：護幼孩童之神、裁縫之神
重要宮廟：嘉義太保市福濟宮、雲林縣水林鄉七星宮、臺南市開隆宮、臺中市西靈宮

紡織守護神

七星娘娘，又稱七星媽、七仙姑、七娘媽，起源於自然星神的崇拜，之後演變為人格神信仰。關於起源的傳說主要有三種說法，一說是認為七星娘娘為包含織女在內的七位仙女；第二為七星媽是天帝的第七個女兒，即織女；第三是將七星娘娘認為是北斗七星的配偶神。然而不論是哪種說法，都強調七星娘娘擅長編織，被視為是紡織業者的守護神。

七娘媽在台灣被視為幼兒守護神

農曆七月七日，又稱為七夕，是七星娘娘的祭典，中國早自周朝就已有此祭祀活動，由於古代社會將紡織縫紉的技能，作為評判女子是否賢慧才德的標準之一，因此待嫁女子會在織女生日時祈求自己的手藝精巧，此一習俗稱為「乞巧」，而七夕又稱為「乞巧節」或「七巧節」。

這一天，成年女子會準備七孔針，將五色細線迎風穿孔，若能順利完成，則代表著可獲得織女的護佑。

臺灣的幼兒守護神

臺灣民間的七夕習俗，最早是記載於清代方志中：「七月七夕，為乞巧會。家家備牲醴、果品、花粉之屬，向簷前燒紙，祝七娘壽誕，解兒女所繫五采線同焚。今臺中書舍，以是日為大魁壽誕；生徒各備酒餚，以敬其師。」描述了家家戶戶會準備鮮花、水果向七娘媽祝壽，並且解開兒女手上所繫的五采線，象徵孩童已長大成人，由此可見七娘媽也被視為幼兒的守護神。

臺南開隆宮的七娘媽有一傳統習俗，稱為「做十六歲」，也算是臺南人的成年禮。若家中小孩長到十六歲時，臺南父母在七夕當天會與子女共同前往七娘媽廟前酬神祭拜，父母會手持七娘媽亭立於神案前，子女在行三跪九叩後，跪拜爬過七娘媽亭或神桌，男由右邊、女由左邊，連續繞三次，象徵成年。此一在地特色，隨著寺廟香火鼎盛與觀光宣傳，現已成為擴大為臺南市七夕文化節的活動之一。

神·明·小·知·識

中國情人節

七夕在現今又被視為中國的情人節，即牛郎與織女相會的日子，此愛情故事起源於牛郎星與織女星的傳說。

但最早在《詩經》中的記載，只有星宿的描述，直到東漢時期的古詩十九首中寫道：「迢迢牽牛星，皎皎河漢女。纖纖擢素手，箚箚弄機杼。終日不成章，泣涕零如雨。河漢清且淺，相去複幾許？盈盈一水間，脈脈不得語。」才透過文人的詩詞將兩顆星譜成一段戀曲。

在詩詞與小說戲曲的流傳下，牛郎織女的愛情故事演變為多個版本，例如南朝時期的殷芸《小說、月令廣義》中描述：「天河之東有織女，天帝之子也。年年機杼勞役，織成雲錦天衣，容貌不暇整。帝憐其獨處，許嫁河西牽牛郎，嫁後遂廢機杼。天帝怒，責另歸東西，但使一年一度相會。」這一版本就是民間熟知的七夕故事，之後又增加了鵲橋相會的情節，則成為了至今耳熟能詳的愛情故事。

池頭夫人

神·明·小·檔·案

祭典：農曆三月六日

職司：安產之神

重要宮廟：萬華龍山寺、霞海城隍廟、大龍峒保安宮、大溪福仁宮

血池地獄主宰

池頭夫人信仰的起源，較常見的說法是出自於民間流傳的宗教通俗讀本《玉曆寶鈔》，書中描述到由酆都大帝管轄的陰曹地府中，有一個血池地獄，是由池頭夫人所主宰。早期民間迷信，若婦女不守本份，或冒犯灶神，或因難產而死，都會下到血池地獄受刑罰。

池頭夫人是保佑婦女平安生產的神祇

我們現代人應該很難理解，為何婦女因難產而死竟然會下到地獄受苦，可見在古代男尊女卑的社會中，女子地位往往以是否能傳宗接代作為標準，因此婦女若未能順利生產成功，似乎就代表著會受到報應或遭遇不幸。

不過在現代社會中，此種說法早已不適用，大多是將池頭夫人視為護佑婦女生產順利的神明。

臺灣池頭夫人信仰

在臺灣有關池頭夫人的信仰多集中在北部地區，其中艋舺龍山寺的池頭夫人較為特殊，其由來並不是掌管血池地獄的女神。

根據艋舺、大稻埕與大龍峒地區在地的說法，池頭夫人是在漳州人與泉州人兩族群械鬥時，為拯救泉州人同胞而犧牲生命的一名孕婦。

因她不幸遇害的地點就是在艋舺龍山寺廟埕的水池旁邊，後人才奉她為池頭夫人，又因她肚子中的嬰孩也不幸罹難，於是信徒們將她視為安胎與安產之守護神，祈求她能護佑產婦與胎兒平安健康。

臺灣並未有主祀池頭夫人的廟宇，但由於其職司與註生娘娘相同，故多作為註生娘娘的陪祀神，奉祀的廟宇較普遍的是地藏廟、城隍廟、東嶽廟等，著名的寺廟如艋舺龍山寺、大稻埕霞海城隍廟與大龍峒保安宮。

詞·彙·開·講

轙腳媽

在大龍峒保安宮的池頭夫人有另一稱號為「轙腳媽」。每年農曆七月十四日時，保安宮定期舉辦牽轙法會，「轙」是長筒型的超渡法器，主體用竹編，並用圖樣紙包覆外圍（血轙糊紅紙，水轙糊白紙），貼上代表三界神明的圖樣，並寫上亡者姓名與生辰八字。水轙是超渡溺水而死的孤魂（如口湖的牽水轙）；血轙則是超渡因難產或意外身亡的孤魂，轙腳媽就是掌管牽轙儀式的神明。

參加法會的信眾會準備牲禮、金紙等祭品，並備好一盆水與衣物、鞋子擺在親人的轙下，以便親人亡魂離開血池或深水後，可以梳洗後再享用祭品，這樣的儀式象徵著對亡者的追思與敬畏。

花公花婆

神・明・小・檔・案

祭典：農曆四月二十六日

職司：兒童守護神

重要宮廟：臺南臨水夫人廟、臺南祀典大天后宮。

樹叢與花叢之神

花公、花婆又稱樹公、花婆，是註生娘娘的配祀神，其由來說法較常見的是出自明代戲曲《百花記》（又稱《鳳凰山》）。

故事描述元代時，安西王有造反之心，其女為百花公主，精通武藝兵法，但愛上了平民江六雲將軍，經歷各種挑戰後，終於在百花盛開之日結為連理，因此被稱為花公與花婆。

此故事被納入民間信仰中，花公被視為保護樹叢之神，樹叢代表男性；花婆則被視為守護花叢之神，花叢代表女性。

花婆被視為守護花叢之神

花公花婆形象

寺廟中常見的花公神像造形為慈祥老人像，一手持拐杖，一手持澆花器，身旁有位負鋤童子；花婆神像的造形則是和藹可親的老婆婆，旁邊有一位提籃花童陪伴，在臺南的臨水夫人媽廟、臺南祀典大天后宮、學甲慈濟宮等廟宇均可見。

而祀典大天后宮的花公與花婆，廟方說法是周公與桃花女，不同於《百花記》的版本，說明花公與花婆依據各個廟宇的歷史有其不同的說法。

也有認為花公是文學大師陶淵明，花婆是春秋戰國時期楚國的息侯夫人。

臺灣的花公花婆信仰

在臺南的臨水夫人媽廟中有一花公花婆的聖殿，也有其固定祭拜的方式。

據廟方的說明是需先準備金紙、供品各兩組，並準備一小碗水，放入少許的米和鹽，以供花公花婆照料花叢之用，接著持香祈求二位神明保佑求子順利，之後便燒獻金紙給神明，祈求圓滿，若心願達成則需返回寺廟答謝花公花婆的保佑。

詞‧彙‧開‧講

栽花換斗

早期臺灣民間有「栽花換斗」的習俗，意指花公、花婆為不孕的婦女栽花（求子嗣），並為想求生男丁的婦女換斗。

供奉的方式也因求男與求女有所分別，求男者強調以白花（象徵男丁）供奉花公；求女者則以紅花（象徵女娃）敬拜花婆，因此在神桌上可常見紅、白花與供品紛呈。

婆姐

神·明·小·檔·案

職司：幼兒照護之神

重要宮廟：臺南臨水夫人廟

照護小孩成長的守護神

婆姐，又稱婆祖、婆神，也是註生娘娘、臨水夫人陳靖姑的配祀神，成員組合有十二位或三十六位。

她們的職責如同註生娘娘身旁的宮女或保姆，專門負責生產與照護小孩出生至成年相關的各項事務，使孩童能免於感冒、溢奶、嗆傷、溺斃、出麻疹、驚嚇等小兒疾病，保佑小孩的身心能正常發展。

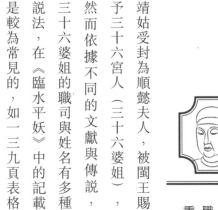

最早有婆姐的記載是在明代史書《晉安逸志》中，敘述著陳靖姑受封為順懿夫人，被閩王賜予三十六宮人（三十六婆姐），然而依據不同的文獻與傳說，三十六婆姐的職司與姓名有多種說法，在《臨水平妖》中的記載是較為常見的，如一三九頁表格所示。

婆姐職責如同保姆

臺灣的婆姐陣

婆姐信仰發展出藝陣的習俗，俗稱「婆姐陣」，在臺灣南部頗為流行，有新營十二婆組陣、六甲十二婆姐陣、麻豆十二婆姐陣等知名陣頭，多為迎神賽會或奉神明旨意所籌組。隨著清代移民傳承至臺灣，然而藝陣最初是以三十六位婆姐之大陣出巡，後因陣容過於龐大而簡化為十二婆姐。

這些婆姐的裝扮為鳳仙裝，每個人的臉上會戴著醒目的面具，依角色而表情有所不同，右手撐傘，左手執扇，表演時，會隨著鑼鼓聲擺動腰臀，踏著固定的腳步與擺出陣法。儀式的功能主要是收驚護嬰與淨宅，現今已成為重要的民俗技藝。

神·明·小·知·識

三十六婆姐

第一宮	第二宮	第三宮	第四宮
福建府古田縣 陳大娘	延平府順昌縣 黃鑾娘	福寧府寧德縣 方四娘	興化府莆田縣 柳蟬娘
第五宮	第六宮	第七宮	第八宮
建寧府建甌縣 陸九娘	福州府長樂縣 宋愛娘	泉州府晉江縣 林珠娘	漳州府漳蒲縣 李枝娘
第九宮	第十宮	第十一宮	第十二宮
汀州府連城縣 楊瑞娘	邵武府泰寧縣 董仙娘	福州府連江縣 何鶯娘	漳州府漳平縣 彭英娘
第十三宮	第十四宮	第十五宮	第十六宮
建寧府建陽縣 羅玉娘	泉州府南安縣 吳月娘	福州府羅源縣 鄭桂娘	福寧俯福鼎縣 張春娘
第十七宮	第十八宮	第十九宮	第廿宮
建寧府浦城縣 王七娘	福州府侯官縣 倪鳳娘	汀州縣長汀縣 包雲娘	福州府閩縣 孫大娘
第廿一宮	第廿二宮	第廿三宮	第廿四宮
福寧府寧德縣 趙娥娘	興化府仙游縣 周玉娘	福州府連江縣 程二娘	福州府閩縣 葉柳娘
第廿五宮	第廿六宮	第廿七宮	第廿八宮
永春府寧化縣 鐵春娘	福州府永福縣 雲燕娘	泉州府惠安縣 聶六娘	邵武府光澤縣 劉嬌娘
第廿九宮	第卅宮	第卅一宮	第卅二宮
福州府侯官縣 翁金娘	建寧府政和縣 潘翠娘	福州府閩清縣 凌艷娘	泉州府同安縣 鄧三娘
第卅三宮	第卅四宮	第卅五宮	第卅六宮
福州府閩清縣 朱巧娘	延平府延平縣 金秀娘	泉州府安溪縣 藍梅娘	福寧府霞浦縣 胡大娘

第六類 動物神崇拜

虎爺

神·明·小·檔·案

誕辰：農曆二月二日、四月十六日、六月六日

職司：先鋒神、守廟之神。

重要宮廟：嘉義新港奉天宮、嘉義朴子配天宮

神明的得力助手

虎爺，又有「黑虎將軍」、「下壇將軍」等稱號，是民間信仰常見的動物配祀神。兇猛的老虎被神明收服後，就會成為其得力助手。

例如在福德正神廟中看到奉祀虎爺的話，就是當地有土地公曾經收服老虎為坐騎的傳說。保生大帝則有「醫虎喉」的傳說，因此報恩的老虎就化身為大道公的屬下。

虎爺的勇猛形象

虎爺信仰文化的興盛，除了是廟宇常見的動物配祀神之外，也表現在寺廟習俗與裝飾上，例如進出寺廟時要「入龍門、出虎口」（以廟裡看出去，從左門進、右門出）象徵著納福消災；三川門旁相對應的有龍、虎牆堵，會雕刻「雲從龍，風從虎」的傳統意涵圖樣，代表著鎮護廟宇、驅邪除煞。

早期在農村社會中，大人們會祈求小孩長大如虎一般的勇猛健康，因此有認虎爺為契父的習俗，而在孩童滿歲抓週時會穿著虎帽、虎鞋來護佑孩童成長。

臺灣的虎爺信仰

有趣的是，臺灣民間信仰的虎爺崇拜，可分為天虎系統與地虎系統。

大部分的虎爺多是供奉於地上的地虎系統，但有幾間特殊的虎爺則因神格較高屬於天虎系統。

例如嘉義新港奉天宮的虎爺，俗諺：「笨港媽祖，蔴園寮老虎，打貓大士，梅仔坑帝爺祖」，其中蔴園寮老虎指的就是新港奉天宮的虎爺，不同於一般供奉於神案下的虎爺，新港虎爺是頭戴金花端坐神案上，分靈眾多，每逢虎爺聖誕時，進香人潮絡繹不絕。

又如嘉義朴子配天宮的虎爺被尊稱為「山軍尊神」，據傳是因此此尊虎爺曾對皇帝救駕有功，而被賜予黃龍袍，並與媽祖供奉於神案上。

民間對於虎爺的誕辰，並沒有統一的說法，有些廟宇甚至沒有慶祝虎爺聖誕的活動，不過一般常見的有農曆二月二日、四月十六日及六月六日。其中農曆二月二日是與土地公誕辰有關，而新港奉天宮的虎爺將軍聖誕千秋日則訂於農曆六月六日。

祭拜虎爺的供品也與一般神明較為不同，除了糖果、餅乾供品之外，在虎爺誕辰或信眾還願時，會以生雞蛋為祭品，突顯了虎爺屬動物神的特殊性格。

神·明·小·知·識

虎爺咬錢來

武財神玄壇爺的坐騎是黑虎將軍，於是虎爺也具有財神的職能，亦即俗諺云「虎爺咬錢來」，顯見在各地的寺廟中幾乎都可見祭祀虎爺的習俗。

虎爺是台灣常見的寺廟配祀神

天蓬元帥（豬八戒）

神・明・小・檔・案

誕辰：依各廟時間不同
職司：特種行業守護神、財神
重要宮廟：高雄旗山開基八路財神廟、新北市石門區山溪里聖明宮（北海發財廟）

護身祈福的天篷神咒

天蓬元帥是道教的護法神之一，現今民間一般都認為天蓬元帥與豬八戒為同一神，然而兩者應分屬不同發展脈絡。

天蓬元帥是道教的護法神之一，起源於星宿崇拜，天蓬是屬於北斗星宿的星神，演變為人格神之後則成為北極紫微大帝所屬部將，統理北斗及酆都，負責協助管理鬼魂與驅邪，因此在唐宋時期，民間曾流行天蓬神咒，認為誦念此咒可以護身祈福。

《西遊記》的影響

明清時期，因為《西遊記》章回小說的流行，天蓬元帥則與豬八戒形象相結合。

在吳承恩的《西遊記》中，寫道豬八戒原稱「豬剛鬣」，本是天蓬元帥下凡，因投錯了胎，

天蓬元帥有袒胸露肚的豬八戒形象

嘴臉長得像野豬模樣，武器為九齒釘耙。因緣際會之下，在唐三藏前往西天取經的路上，遇到了三藏法師與其徒弟孫悟空，悟空聽聞有一妖怪強迫高老莊中的老高要嫁女兒，在師父的允許下前往捉妖。一陣打鬥之下，豬剛鬣得知悟空的師父為三藏法師後，便下跪請求唐三藏收他為徒，作為贖罪。於是豬剛鬣成為悟空的師弟，稱為「悟能」，又稱「八戒」。之後又有第三位徒弟沙悟淨的加入，師徒四人共赴取經。

豬八戒雖然一路上仍做了一些錯事，幸好總是願意誠心悔改，最後師徒四人終於克服困難取經成功。隨著《西遊記》故事的流行，民間認為豬八戒即是天蓬元帥。

豬哥神與財神性格

臺灣民間信仰的天蓬元帥造形，受到《西遊記》中豬八戒形象的影響，表現出豬哥神與財神的性格。

奉祀的信徒亦較為特殊，可分為兩大類，一類屬於特種行業（舞廳、酒店、娛樂場所）的從業人員，由於特種行業者認為天蓬元帥是掌管娛樂場所的祖師爺，祈求天蓬元帥能保佑他們生意興隆，小費增加；另一類是小販、經商者，祈求天蓬元帥賜予發財金，讓他們能夠財源廣進。

著名宮廟有在高雄市旗山區的開基八路財神廟，主祀財神爺，也有奉祀豬哥神，其造形就是參照戲曲小說中手持耙子，頭戴濟公帽，袒胸露肚的豬八戒形象。

神·明·小·知·識

千年豬頭神樹公

在新北市石門區的聖明宮，有一千年豬頭神樹公，其由來是因廟方發現在樹上有一形似豬頭造形的樹瘤，據說是天蓬元帥遭玉皇大帝封印於樹中，故建廟奉祀，並兼差擔任財神爺，提供信眾求取錢母，隨著名聲日益遠播，香火逐漸鼎盛，是北部著名的發財廟之一，也成為新聞報導的對象。

大聖爺

神・明・小・檔・案

誕辰：農曆十月十二日

職司：孩童之神

重要宮廟：臺南萬福庵、臺南和順大聖廟、宜蘭壯圍紫雲寺

齊天大聖孫悟空

大聖爺就是「齊天大聖孫悟空」，家喻戶曉的花果山美猴王，在明代吳承恩著名的神怪小說《西遊記》的影響下，加上民間戲曲傳唱，孫悟空七十二變的本領，以及幫助唐三藏取經的情節，成為了人人能朗朗上口的故事。

大聖爺即為知名的齊天大聖孫悟空

《西遊記》中描述孫悟空是來自東勝神州傲來國花果山的石猴，曾拜須菩提老祖為師，又學習了七十二變技法與獲得觔斗雲、如意金箍棒等法寶，造就其武功高強，自視甚高。

他因不滿玉皇大帝，因此三鬧天宮：一鬧打敗哪吒三太子；二鬧偷吃天宮的蟠桃、仙丹；三鬧後終於被釋迦如來佛制伏，並用神咒壓於五行山下五百年無法行動。

五百年後唐僧前往西天取經時，路過五行山，因同情孫悟空便決定卸除神咒，救出孫悟空並收他為徒弟，共同赴西天取經。

在取經的路上，唐僧陸續收了豬八戒與沙悟淨為徒弟，師徒四人歷經許多波折，終於完成任務。而孫悟空也因護送唐僧取經有功，修得正果，封為「鬥戰勝佛」，鎮守南天門。

臺灣的大聖爺信仰

臺灣民間主祀大聖爺的廟宇不多，以臺南的萬福庵最著名，該廟廟體建造於一八〇六年（清嘉慶十一年），奉祀「三寶佛」、「觀音佛祖」與「齊天大聖」。

臺南安南區的和順大聖廟也相當靈驗，廟方董事曾被降乩指示齊天天聖奉玉旨下凡救世，於是鄉里信徒共同捐助建廟，成為當地香火鼎盛的重要宮廟。

北部供奉齊天大聖的有宜蘭壯圍的紫雲寺，又稱為「猴齊天廟」，廟中的齊天大聖像，分為站姿與坐姿，站姿代表武大聖，坐姿代表文大聖，作為主神的分身，廟內另奉祀有豬八戒、沙悟淨與唐三藏，據廟方表示，香蕉是必備的供品。

神·明·小·知·識

管理「猴囝仔」

大聖爺起源於《西遊記》，性格調皮活潑，因此民間俗稱頑童為「猴崽子」，將大聖爺視為是孩童之神。

另外在臺南萬福庵（主祀大聖爺）旁有顆老榕，當地稱為猴靈樹王公，信徒聲稱大聖爺專門醫治小兒科毛病，樹王公的榕樹葉就是萬福庵的濟世法寶，被大聖爺加持成為藥引。

使者公、蛇神廟

神·明·小·檔·案

誕辰：依各廟時間不同

職司：排灣族祖靈、農作之神

重要宮廟：花蓮光復仁壽宮、高雄美濃劉公聖君廟

斬神的劉邦也成為民間信仰的蛇神

蛇崇拜文化

蛇在自然界被歸類為爬蟲類動物，不同於老鷹、猛虎等野獸充滿著生命力的性格，蛇喜好陰暗濕冷的環境，具有神秘性格與難以捉摸，讓人心生畏懼，因此古代文明社會中蛇的崇拜是常見的信仰文化，許多原始部落以蛇圖樣作為部落的圖騰。

中國古代也有許多關於蛇的傳說，例如神話中的女媧、伏羲等都具有人面蛇身的特徵、玄天上帝的臟腑變成的蛇聖公、以及蛇被列為十二生肖之一。

不過相對於北方地區，南方閩粵地區信奉蛇神廟較多，推測有兩個原因，一是南方的古越族以蛇為始祖；二是由於當地地理

環境較為炎熱潮濕，蛇群出沒較為頻繁。

臺灣蛇神信仰

蛇的崇拜在臺灣，可分為原住民與民間信仰兩大部分。原住民各族群中以排灣族與蛇最為密切，百步蛇是族群祖靈的象徵，流傳著許多神話故事，例如蛇靈產下一蛇卵，而蛇卵經過太陽照射後破裂，人從蛋中出現，這就是排灣族祖先的由來，因此排灣族的祖先柱與傳統木雕製品都雕刻成百步蛇的紋飾圖樣，象徵著祖靈庇佑。

民間信仰中，蛇神傳說依各地而有所不同。較著名的是花蓮縣光復鄉的仁壽宮，此間又稱為蛇廟，主祀感天大帝，廟旁設有使者洞，供奉了十二條錦蛇，稱為使者公，錦蛇會在廟裡出沒，任意盤據於神桌上，彷彿守護著神桌上的神尊，信徒們相信蛇皮能治病，因此常有信徒會到此請蛇出洞，請求蛇皮來治病。

劉公聖君廟的傳說

在高雄縣美濃的東城樓附近，有一座創建於乾隆八年（一七四三年）的劉公聖君廟，當地人都以蛇神廟稱之，有關劉公聖君的傳說較知名有兩種說法，一是流傳劉公聖君即漢高祖劉邦，劉邦曾經在沼澤遇到大蛇，英勇的劉邦拔劍斬殺大蛇，後來有一婦人前來哭泣說，白帝之子遭赤帝之子所殺，劉邦因此完成霸業，劉邦也因而成為民間信仰的蛇神。

另一則傳說是劉公聖君本名劉好勇，原是一欺壓鄰里的流氓，一日山中出現了千年蛇妖，威脅鄉民生命與財產，鄉民們便把劉好勇騙上山，讓他殺蛇除害，沒想到蛇妖果然被他所除，此傳說類似周處除三害的故事。

當地信徒們奉祀劉公聖君，除祈求避免在田野中遭蛇攻擊之外，也祈求祂能夠驅除野鼠、蟲害，確保五穀豐收。

第七類 自然神崇拜

三官大帝

神·明·小·檔·案

誕辰：上元（天官大帝）正月十五日
中元（地官大帝）七月十五日
下元（水官大帝）十月十五日

職司：三界之神

重要宮廟：鶯歌三湖宮三官大帝廟、臺北南港三官大帝廟、臺中陳平紫微宮、臺南三官廟

掌管天、地、水的三界公

三官大帝，又稱三界公、三元大帝等稱號，「三官」指天官、地官、水官，掌管著天、地、水三界，因此屬於自然神崇拜。

中國自上古時期就有祭拜三界的習俗，此習俗之後被納入為道教的系統，轉化為人格化的神明。道教始祖張道陵曾制定一祈禱儀式〈三官手書〉：書寫病人自己的姓名與罪過的文書一式三份，規定凡上詣天官的文書，應當於山上焚化；呈送地官的文書，必須埋於土中；傳與水官的文書，則沉之於江河，道教以此儀式化解病人的病痛與苦難。

信仰到了明代，朝廷興建三官廟奉祀，民間祭拜亦頗為興盛，道教團體更彙整了一部關於三官大帝的經典《太上三元賜福赦罪解厄消災延生保命妙經》（簡稱《三官經》）。

隨著信仰的普遍化，社會對於三官神的由來衍伸出多種說法，最常見的是出自於《三教搜神大全》及講唱寶卷，書中描述三官神為陳氏與龍女所生之子，並將三子的誕生日與上元節（正月十五）、中元節（七月十五）、下元節（十月十五）相連結，加強了民間信仰奉祀的合理性。

臺灣的三官大帝信仰

聖王造形的天官大帝形象

臺灣民間一般認為三官神就是「堯、舜、禹」三位古代的聖王，此說法的由來應是出自清代《歷代神明演義》描述，三官是元始天尊吸收天地靈氣所生的三個兒子，這三子就是堯、舜、禹，元始天尊並敕命三元下凡時，需秉持道德、禮儀，為民間百姓造福，因此堯、舜、禹三位皆為賢君，獲得人民的愛戴。

三官神的形象與聖王結合後，在神像的造型上常見有聖王的造型，另由於俗稱三官有天官賜福、地官赦罪、水官解厄的說法，故又與福、祿、壽神的形象結合。

三官大帝在道教體系中的神格崇高，僅次於玉皇大帝，因此除了有主祀三官大帝的廟宇之外，在奉祀玉皇大帝的寺廟中也常見三官大帝列為副祀神，而早期臺灣民間的傳統三合院古厝的祖廳主要樑木上，都會懸吊著一個天公爐，次要樑木則會懸吊三界公爐，在祭拜祖先之前要先向天公祖與三界公點香膜拜，以示敬天。

現今有些寺廟中仍維持著懸吊三界公爐，祭拜順序也是先從天公爐開始，接著是三界公爐，之後才是諸位神明，此一傳統習俗代表在廟宇中祭拜的順序是依照著神格位階而進行。

三清道祖

神・明・小・檔・案
誕辰：農曆二月十五日
職司：無極界的最高主宰
重要宮廟：臺中外埔無極三清總道院、宜蘭冬山鄉道教總廟三清宮

道教的天界觀

三清道祖被視為是道教體系中天界的始祖，三清指的是玉清、上清、太清，這一信仰起源於南北朝道教中上清派與靈寶派的體系。

道教中有三一的思想，受到《道德經》：「道生一，一生二，二生三，三生萬物。」的影響，發展出「一炁（音氣）化三清」的說法，用以解釋道教的天界觀，是從最初混沌的炁演化為三清界。

因此三清最初並非指涉三位尊神，而是道教的天界觀——「三天」：玉清天、上清天、太清天，三清道祖的名稱與確立，是到了唐代才完成。

關於三清道祖的名稱，上清派和靈寶派的說法有所不同，前者指的是「元始天王、太上大道君、太上老君」，後者則是「元始天尊、太上大道君、太上老君」，不過這僅是神祇稱呼上的差異，本質上是相同的。

而在道教經典中常有三清、三元、三官、三會等說法，事實上都有其關聯性，例如三清道祖與前述的三官大帝性質相似，都是由天、地、水界所衍伸的信仰。

道教最高神明

三官大帝信仰雖然早於三清信仰，但在南北朝三清道祖的地位確立後，三清道祖成為道教眾神中的最高神明，三官大帝則成為其部屬。

於是諸神的神譜被重新安

排，例如陶宏景的《洞玄靈寶真靈位業圖》記載，元始天尊被安排在第一中位，太上大道君被安排在第二中位，太清太上老君則是第四中位，至於三官已被安排到第六左位，不過神祇的排序方式會依不同經典有所差異，但在神格的位階上概念則是相同。

神·明·小·知·識

三清道祖與玉皇大帝

三清道祖信仰是源於道教的理論系統，在道教理論系統尚未建立之前，三官大帝信仰就已存在民間，但因道教創造出三清道祖為最高神的理論後，道教便將三官大帝納入道教神明，但神格低於三清道祖。

而三官大帝與玉皇大帝又與民間信仰混合，民間信仰也會將玉皇大帝與道教最高神「元始天尊」（三清的首席）結合，因此認為三官大帝神格次於玉皇大帝。

臺灣的三清道祖信仰

三清道祖信仰在臺灣興建的廟宇，與一般民間信仰或移民奉祀的神明有所不同，三清宮中不燒金、銀紙錢，供品以清香、鮮花、素果為主，為弘揚道教教義為宗旨。

例如宜蘭冬山鄉的道教總廟三清宮，是北部最具規模的道教寺廟，建築規模雄偉，占地有十七點三公頃，積極提供道學經典教授與發揚道教教義，以破除一般民眾對道教的誤解與迷思。

中部也有一道教聖地，是位於臺中外埔區的無極三清總道院，最初奉祀觀世音菩薩，廟名為「中原紫雲禪寺」，之後興建了三清寶殿，廟名便定為「無極三清總道院」，更成立了道教學院中心，在道教界也頗負盛名。

三清道祖中的元始天尊形象

玉皇大帝

神・明・小・檔・案

誕辰：農曆正月九日

職司：萬神之主

重要宮廟：臺南開基玉皇宮、臺南天壇、彰化元清觀

手持圭板、頭戴冠冕的玉皇大帝

源自天神崇拜

玉皇大帝，俗稱「玉皇」、「玉帝」、「天公祖」。信仰起源自中國人對天神的崇拜，天神可包含上帝、日、月、雲、風、雨神等自然神祇。

殷商時期人們崇神尚鬼，凡事問卜，在卜辭中表現出神擁有至高無上的權力。到了周代，天命說的政治思想產生。認為天子是上天之子，因此只有天子才可以祭天，神化了其統治權與政權的正當性。

魏晉南北朝時期，道教興起後，上帝被納入了神明的系統，成為至高無上的玉皇大帝，是天界最高的主宰者。唐代因道教蓬勃發展，道教經典與官方文獻中大量出現「玉皇」、「玉帝」字詞，宋代皇帝則加封玉皇聖號。

明清時期更於皇宮範圍中設立天壇，作為祭天的場地，在官方祭祀的盛行下，玉皇大帝信仰也普遍流傳至民間，不過由於天壇代表著與上天溝通的場所，祭祀活動不僅須於露天舉行，也只有皇帝能夠舉辦，一般民間只能在家中設爐祈福，在《大清律例》中甚至規定，若被查到私家奉祀者，被查到必須罰處八十杖，因此民間只能私下祭拜。

臺灣的天公信仰

天公信仰在臺灣民間是常見的習俗，有兩種常見的祭拜儀式，在早期農村三合院的正廳中，會懸吊或擺放一天公爐，每日都需先點香向天公祖祭拜後，再祭拜廳內的祖先或神明；而各廟宇中朝拜的順序也是拜天公為第一順位，天公爐象徵著天公祖，而天公爐擺放的位置有正門口、中庭、正廳中央等，依據各個寺廟規模擺放的位置有所不同，爐的大小也不一定，但祭拜及插香順序一定都是從天公爐開始，因為祂是眾神明的主宰者。

由於天神並無真正的形象，因此玉皇大帝神像的造形便與皇帝的形象相同，較常見的是身著龍袍，頭戴十二行珠冠冕旒，呈坐姿，有些神像會手持圭板。主祀玉皇大帝的廟宇以臺南開基玉皇宮、臺南天壇、彰化元清觀最為著名。

神·明·小·知·識

天公生的拜拜儀式

農曆正月初九天公生，是天公祖的生日，全臺各地寺廟都會舉辦祭拜的儀式。

儀式從初八的子時（晚間十一時）就開始，早期鄉村可見各家門口拜設供桌與祭品進行奉祀的儀式，然而現今大多前往鄰近的土地公廟或天公廟參拜。

廟方會邀請主祭官主持，主祭官通常由廟宇委員或在地仕紳擔任，供品分為頂桌與下桌，頂桌部分是獻給天公，下桌的供品則是獻給天公的部屬神明，由司儀誦唱完敬獻詞後，行三跪九叩禮，禮成後再將天公金送入金爐，儀式於此結束。

北斗星君、南斗星君

神・明・小・檔・案

誕辰：農曆八月三日（北斗星君）
　　　農曆九月一日（南斗星君）

職司：註死之神（北斗星君）
　　　註生之神（南斗星君）

重要宮廟：東照山關帝廟、臺中南天宮、宜蘭冬山鄉道教總廟三清宮

星宿崇拜

北斗星與南斗星是中國古代重要的星宿，古代將星空分為二十八星宿，北斗星宿對應的是大熊星座的七顆星，分別是：天樞星、天璇星、天璣星、天權星、天衡星、開陽星、瑤光星；南斗星宿位置與北斗相對，是在人馬座的六顆星：天府星、天相星、天梁星、天同星、天樞星、天機星。

古代社會從觀星象，以探求宇宙的變化，於是星宿崇拜不僅是對星辰神的尊崇，也代表著天文知識的探索，因此天文官自古就是重要的官階，是由皇帝親自任命，負責編制曆法與記錄星象的變化。

納入國家祭祀

先秦時期，秦始皇就有建立南斗廟，兩漢時期，《漢書．郊祀志上》記載：「日、月、參、辰、南北斗、熒惑、太白、歲星、填星、辰星、二十八宿、風伯、雨師、四海、九臣、十四

臣、諸布、諸嚴、諸逐之屬，百有餘廟。」《漢書．郊祀志下》：「中央帝黃靈後土畤及日廟、北辰、北斗、填星、中宿中宮于長安城之未地兆」，代表著北斗星與其他星辰被納入了國家祭祀中。

道教興起後，北斗與南斗崇拜被納入道教神明的體系中，發展出多部道教經典，例如《太上玄靈北斗本命長生妙經》、《太上玄靈北斗真命延經》、《南斗星君延壽真經》、《南斗長生真經》等。

南斗註生、北斗註死

道教將星宿崇拜轉化為人格神崇拜，稱之為北斗星君與南斗

神·明·小·知·識

拜斗

所謂「拜斗」，意旨祭拜星斗，道教認為每個人都有其本命元辰星君，而奉祀五斗星君（東斗、南斗、西斗、北斗、中斗）能夠保命護身、延年益壽、解厄賜福。

儀式中最特別的用品為斗燈，斗燈的供奉分為公斗與私斗，廟方設置公斗，亦為法會中的總斗燈，象徵著為全體信眾祈福解厄，信眾個人則屬於私斗，類似於平安燈的功能。

北斗星君執掌生死，象徵死後審判

星君，並依據著信仰的內涵確立兩位星君的神格與職司，北斗星君掌管七星宮，職司人間生死大事，象徵死後的審判；南斗星君掌管六星宮，職司功爵祿壽之位，具有生生不息的意涵。

在民間北斗、南斗星君最為人熟知的故事，是出自於東晉干寶的《搜神記》，書中描述到三國時代的顏超偶遇一位會看面相的術士管輅，告知他的壽命只能到十九歲，於是指點他前往樹下服侍兩位下棋的老翁，兩位老翁愉快的下完棋後，便讓顏超的壽命從十九變為九一，原來兩位分別就是「北斗星君」與「南斗星君」，故事意味著南斗註生、北斗註死的職能。

臺灣祭祀廟宇

臺灣廟宇中北斗、南斗星君主要是配祀神，在主祀玉皇大帝、關聖帝君、三清教祖、三官大帝等神明的廟宇中都可見到兩位星君。

與星君相關的道教科儀為禮斗法會，是民間常見的消災祈福的法會，有些廟宇一年舉行兩次，分為春季、秋季禮斗法會，儀式由高功道長所主持。

詞·彙·開·講

高功道長

寺廟舉行法會或建醮時，會聘請道士團舉行齋醮科儀法事，高功道長即為科儀中的指揮者，負責講經說法，在道壇上站於居中位置，並穿著等級最高的法服，通常是由經驗豐富、德行高尚、具威嚴儀態者才能被推舉為高功的職務。

瑤池金母、王母娘娘

神．明．小．檔．案

誕辰：農曆七月十八日

職司：救世之母

重要宮廟：花蓮吉安鄉慈惠總堂、花蓮吉安鄉勝安宮、臺北松山慈惠堂、臺北八里無極宮

臺灣的王母娘娘信仰緣起

瑤池金母俗稱王母娘娘、無極老母。臺灣民間信仰中的王母娘娘崇拜，流派眾多。不同於媽祖信仰與觀音信仰是隨著清代移民遷移至臺灣，王母娘娘信仰興起於花蓮市郊，傳聞在一九四九年農曆六月（或說八月）間，一個名為蘇烈東的乩童降乩指稱，王母在天上見人心不古，道德淪喪，怪病叢生，上天慈悲不忍世人受苦，特派王母娘娘下降拯救世人，渡化眾生。從此求病問事者眾，並逐漸有信徒跟隨。

王母娘娘在臺灣被認為是救世之母

王母信仰在一九五〇年之後開始發展，分為慈惠堂與勝安宮兩大系統，慈惠堂稱老母為瑤池金母，勝安宮稱老母為王母娘娘，不過也有混用的情況，然而不論哪一流派系統都是開啟了臺灣西王母信仰發展的新篇章。

慈惠堂與勝安宮的組織特色不同於道教、佛教等宗教體系，並無完整的教義與組織架構，完全是採用民間信仰分靈的傳播方式，任由信徒領聖旗分靈出去，自行建廟奉祀，祖廟與各分靈廟之間並無明顯的隸屬關係。此信仰主要精神是將王母娘娘視為是道的化身，亦即開創天地萬物的天神，統領人世間的因果輪迴。

鸞堂與鸞書

王母娘娘在臺灣的發展自一九五〇年發展至今，廟壇遍及全臺，甚至散播至海外地區如日本、馬來西亞、美國等華僑社區，信徒多達百萬人，其原因除了信徒口耳相傳的感應事蹟之外，鸞堂與鸞書撰寫對王母信仰的傳播也有很大的影響。

鸞堂是指以扶鸞（扶乩）為主要儀式進行神人溝通的團體，而在人神交感後留下的文字記錄就是鸞書，代表著神明的思想。臺灣的鸞堂與儒教關係密切，例如關聖帝君、孚佑帝君的恩主公信仰，而王母信仰的鸞堂自成一系統，除了經懺類鸞書如勝安宮的《虛空無極天上王母娘娘消劫行化寶懺》、慈惠堂《瑤池金母普度收圓定慧解脫真經》，各分堂也有自行出版的鸞書，以宣揚王母娘娘的救劫思想與教義。

神·明·小·知·識

西王母信仰與一貫道

王母娘娘的信仰可追溯至中國的西王母信仰，自先秦至漢代，西王母在文獻與墓室壁畫、畫像石中有著多元的內涵。

如在《山海經》中描述王母的形象為人身虎齒豹尾：「西王母其狀如人，豹尾虎齒而善嘯，蓬髮戴勝，是司天之厲及五殘。」

在《穆天子傳》中記載周穆王曾乘八匹名駒拉的馬車拜訪西王母，傳說西王母住在崑崙山頂上的一座美麗金殿裡，那裡與天界共通，左有瑤池、右有翠水。南北朝之後王母娘娘被納入道教的體系中，成為傳經授道的神祇之一，至於其母性的神格則轉化為斗母崇拜。

明清時期被擴充為「無生老母」的思想，並由此建立了新興教派，如黃天教、龍天教、先天教、一貫道等。

其中一貫道於民國之後在中國成為禁教，輾轉傳入臺灣。一貫道對西王母的簡稱為「明明上帝」、「老母娘」或「無極老母」。

灶神（司命真君）

神・明・小・檔・案

誕辰：農曆八月三日
祭典：農曆十二月二十四日
職司：家戶之神、護宅之神
重要宮廟：新竹北埔鄉五指山灶君堂、屏東東港九龍宮、屏東佳冬鄉九天宮

不可或缺的火有了神聖性

灶神又稱「灶君」、「灶王」或「司命真君」，也被稱為「護宅天尊」，是與民間生活極為密切的神明。

信仰的起源可能與火的崇拜有關，火的發現讓古人感受到自然界神奇的力量，可以產生光明與熱能，讓人心生崇敬，引申有祭祀的習俗。用火成為人們生活所不可或缺，一日三餐煮食皆離不開用火，因此爐灶之火具有神聖性，爐灶成了火神居住的地方，古代的灶神，其神格實質上有一部分來自火神。

灶神的來源傳說

漢代以前對於灶神的來歷有兩種說法，一是將灶神與火神合而為一，例如《淮南子》記載：「炎帝於火，死而為灶。」從文獻中可歸納出火神的代表有炎帝、黃帝、祝融、閼伯等；二在《禮記、禮器》記載：「灶者，老婦之祭，其神先炊也。」得知灶神的前身叫先炊，即最早主持炊事的人。

古代的灶神祭祀

漢代之後，祭灶成為大規模的祭祀活動，灶神也轉而成為派駐人間擔任監察百姓行為的神明。到了唐代，灶神信仰則成為家家戶戶都會祭拜的神明，灶神的職能也從火神、管理飲食之事，引申至監察人的善行或惡行，進一步成為庇護闔家平安之神明。

古代祭祀灶神方式，分為官

方祭祀與民間祭祀，官方記載於《禮記．曲禮》：「天子祭五祀」，鄭玄注：「五祀，戶、灶、中霤、門、行也。」即奉祀門神、灶神、井神、廁神、室中神等，祭拜方式是百官共同祭拜，時間則有多種說法，例如階級說「官三、民四、鄧家五」指的是，官紳權貴習慣於每年十二月二十三日祭灶、一般平民百姓會在每年十二月二十四日祭灶、水上人家會在每年十二月二十五日舉行（以農曆為準）。

早期民間各戶人家都有一個烹煮食物之用的灶頭，傳統習俗會在灶頭上貼灶神圖案，或設一小神位奉祀，到了年底送神日（農曆十二月二十四日），會準備牲禮、水果祭拜灶神，並用糖果、湯圓、糕餅等甜品塗在灶神的嘴邊，希望灶神能在玉帝面前說好話，祈求全家未來能夠一切順利。

灶神是家家戶戶都會祭拜的神祇

臺灣的灶神廟宇

灶神被納入道教體系後，稱為「司命真君」、「九天東廚司命灶君」，也被奉為五恩主之一，俗稱「張恩主」，臺灣主祀灶神的廟宇較少，較著名的是「新竹北埔鄉五指山灶君堂」，位於新竹縣竹東五指山上，以客家族群奉祀為主。

其他主祀廟宇如宜蘭省民堂、屏東東港九龍宮、屏東佳冬鄉九天宮都是灶君堂的友廟，會定期到灶君堂會香。而與恩主公信仰相關的廟宇大多被列為配祀神明，例如臺北行天宮、高雄大樹東照山關帝廟、南投日月潭文武廟。

雷公、電母

神‧明‧小‧檔‧案
誕辰：農曆五月十六日
職司：風雨之神、公義之神
重要宮廟：新北市中和霹靂宮、板橋震威宮

龍身鼓腹的雷神

雷神信仰是起源於古人對於氣象變化的無法預測所產生的敬畏心理，中國古代對於雷神的想像，可分為兩大類型，一類是從雷電發出的巨大聲響作為聯想，連結到大鼓的意象；另一類是透過雷電的形狀，對閃電的觀察進行聯想的依據，例如在《山海經》中描述：「雷澤中有雷神，龍身而人頭，鼓其腹，在吳西。」形容雷神是一個具龍身鼓腹人面的神怪。

雷神擬人化

東漢時期雷神從自然神的崇拜，擬人化成為人格神崇拜，形象也有所轉變，被描述為壯如力士的掌雷之人，右手持椎、左手持鼓，可以發出強大的霹靂與轟隆的巨響，此形象之後被納入為道教體系中。

然而現今大眾熟知的雷神形象，則是出自於干寶《搜神記》的形容，「色如丹，目如鑑，毛角長三尺，狀如六畜，似獼猴桃」，此形象被俗稱雷公面。

電母的出現

最初的雷神是兼司雷、電二職的，當雷公逐漸男性化後，電神便自然演變為雷公的配偶神，成為「電母」或稱「閃電娘娘」。

電母之稱，出現於宋元之後的史書中，如《宋史．儀衛志》記載隊伍有雷公電母旗；《元史》更描述到「電母旗」是「畫神人為女人形，纁衣朱裳白褲，兩手運光。」《封神演義》則將電母稱為「金光聖母」。

雷公是壯如力士的掌雷之人

雷公與電母在民間信仰被認為是懲罰浪費糧食、為非作歹的公義之神，有一著名的故事，傳說雷公兩眼的近視很重，往往因看不清楚而擊斃好人，使天神傷透腦筋，於是指派電母雙手拿著銅鏡發出閃光，負責將目標照射清楚後，再請雷公擊雷。另有一說是雷公因不注意誤殺了一位孝媳，為了避免發生類似的錯誤，便將孝媳升格為電母，在天上協助雷公。

雷公在道教體系中稱為「五雷元帥」，道法中則有「五雷正法」這個知名法術。在臺灣主祀的廟宇有：板橋的震威宮、新北市中和的霹靂宮、南投埔里天雷宮等廟宇。

詞‧彙‧開‧講

驚蟄聞雷米似泥

「驚蟄」是二十四節氣之一，屬於春季的節氣，在每年國曆的三月五日或六日，意指春雷初響，驚醒蟄伏泥土中的昆蟲，節氣神為雷公。

諺語「驚蟄聞雷米似泥」，說明若驚蟄日順利打雷，代表風調雨順，穀物豐收；「驚蟄鳥仔曝翅」指驚蟄日後氣溫升高，小鳥也會飛出巢來曝曬翅膀；假若在驚蟄日前提早打雷，則表示節氣不順，農作容易歉收，而有「未驚蟄打（音淡）雷，會四十九日烏」的說法。

石敢當

神．明．小．檔．案

祭典：依各地廟宇日期有所不同
職司：鎮煞、厭勝物
著名地區：澎湖西嶼鄉

鎮煞辟邪之物

在古代社會中，人們為了防範鬼怪侵擾，除了請託神明護佑或道士作法之外，也會利用鎮壓方式進行辟邪驅鬼，「石敢當」即為此類鎮煞、壓勝的辟邪物，大多設置於路沖、村落的出入口、橋樑旁邊等交通要道。

石敢當最早的文字出自於西漢史游的《急就章》：「師猛虎，石敢當，所不侵，龍未央」，而透過碑刻得知至遲在唐宋時期的古人便已把「石敢當」三字刻於石頭上用來驅邪、鎮鬼、抵沖。

臺灣的石敢當

臺灣現存的石敢當，以澎湖群島數量最多，據學者研究調查統計，澎湖的石塔與石敢當有六百六十三座，其中又以西嶼鄉分布數量最多，常見於群島上的重要通道、海濱和山間。

石敢當數量多的原因可能是澎湖自然資源較為貧乏，早期生活艱苦，住民們在精神上對避邪祈福物有所寄託，故建造出各種形式的石敢當，包含碑頭有平頭形、圓弧形、多角形、劍尖形等各式類型。

金門的石敢當數量雖然沒有澎湖多，但歷史較為悠久，例如清乾隆年間的古寧頭北山村振威第，又稱提督府，是清朝水師提督李光顯的故居，其宅第屋後牆角立有三座泰山石敢當碑，與房屋一般高，是金門著名的石敢當。

石敢當造型

有些石敢當並非採石牌或石碑造形，而是雕塑成獸牌圖樣或獸形，置於鎮煞之地，以此做為庇護村落的守護者，例如臺南後壁鄉的石敢當以石碑佇立，但上面卻刻著天虎大將軍的造形，為當地的祭祀特色；雲林縣西螺鎮大同路與大橋路交叉口有大型的泰山石頭當，特色是上端刻有獅頭圖樣；金門的振威第其中一座也刻有獅頭圖樣。

南部有些石敢當與大樹公共同奉祀，大樹公除了有地標的功能，也時常被賦予擋煞、鎮鬼的作用，與石敢當的功能重疊，換言之為具石敢當功能的樹神，例如臺南市下營區大屯寮的泰陵宮，主祀泰山仙祖，即將石敢當樹木神格化，並雕塑神像建廟奉祀，陪祀神有泰山夫人、松府千歲、福德正神等。

神·明·小·知·識

泰山石敢當

有些石碑被刻上「泰山石敢當」，其原因可能因為泰山在元代之後不再定期舉辦官方祭祀，使得泰山信仰從官方專屬轉為民間化。

而泰山象徵的鎮鬼、壓勝、升仙等功能與石敢當信仰的習俗相重疊，於是到了明清之後開始有泰山石敢當的石刻出現。

石敢當多座落於交通要道旁

石頭公、石母娘娘

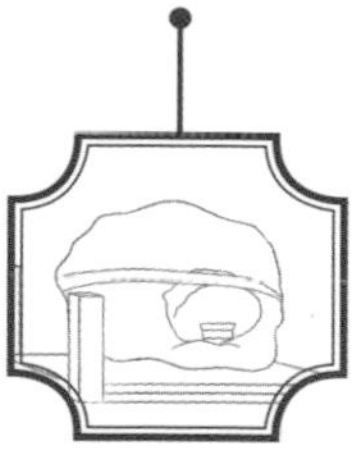

神・明・小・檔・案

誕辰：依各地廟宇日期有所不同
職司：社神
重要宮廟：臺北內湖黃石公廟、宜蘭羅東冬山石聖爺公廟、苗栗頭份福德祠

中國自古以來的石頭崇拜

中國古代社會關於靈石崇拜有一定的歷史，例如在神話中有女媧以五彩石補天的故事、大禹的兒子啟誕生的感生神話。

文學作品如《西遊記》的孫悟空便是從吸收天地日月之精華的仙石所迸出的神猴；《紅樓夢》原名為《石頭記》，將書中主角賈寶玉的誕生與女媧補天神話相連結。史書中也有記載，如《呂氏春秋》：「殷人社用石。」；《宋史・禮志》：「社稷不室而壇，當受霜露風雨，以達天地之氣，故用石主，取其堅久。」

可知「社」指掌管土地的神祇，社神會以石頭作為象徵，具有堅硬持久並通達天地之意涵。

臺灣的石頭崇拜

臺灣民間信仰中的石頭崇拜，則有著更多的面向，包含有西拉雅族的石陽具崇拜、民間傳說的怪石崇拜、巨石崇拜等現象，伴隨著在地流傳的靈驗事蹟，臺灣各地皆分布有奉祀石頭公的現象。例如臺中豐原神岡的石頭公，當地信徒奉為祭拜能讓孩童健康如石；宜蘭羅東冬山的石聖爺公廟，有許多顯靈事蹟，包含蓋廟的規模、方位等都是石聖爺公降乩指示的；南投茄苳腳的石頭廟，傳說是孩童在怪石旁遊玩時被神靈附身，因此怪石被奉為具有靈力，而建廟奉祀。

石母娘娘信仰

不同於石頭公、石聖公等陽

性崇拜，客家族群的石母娘娘屬陰性崇拜。與閩南社會的七娘媽習俗相似，剛出生的孩童會被帶到石母娘娘廟中認契子，並求紅絭（音卷）掛在脖子上，每年石母娘娘聖誕時，會準備鮮花水果前往祭拜，向石母娘娘稟告，並換絭。等到十六歲後，則可脫絭並感謝石母娘娘護佑成長。

例如桃園市八德區霄裡石母娘娘廟有兩百多年的歷史，周圍客家庄都是娘娘的契子女，每逢聖誕時，契子女返回娘家慶祝，香火鼎盛，熱鬧非凡。又如頭份老街中福德祠內的石母娘娘，原本為福德祠旁茄冬樹下的一顆石頭，後因福德祠拆除重建，改用造價不斐的黃石雕造一新的神像。另在苗栗頭份鎮蟠桃里大勇街的石母祠，供奉的金身，則是一顆有雙孔洞的橢圓形石頭。

至於高雄美濃的石母祠則與鄭成功傳說有關，是奉祀著鄭成功的母親，當地傳說是鄭成功巡視到此地時，看到石母祠內的天然巨石猶如一位母親端坐其上，甚為感動，故請部屬刻上「懷慈母鄭母國太一品夫人」字於石頭上，以感念其母親。

神·明·小·知·識

黃石公廟

在臺北內湖區有一著名的黃石公廟，傳說是巨石從附近的白鷺鷥山滾落時，有位身穿黃袍的老公公坐在石頭上，後人因此稱為黃石公。

自日治時代起，黃石公廟即為當地人的信仰中心，而在一九八○年代六合彩賭博盛行時，黃石公廟前會聚集著許多賭客求明牌，現今樂透彩券發行後，則改為祈求樂透彩的中獎號碼。

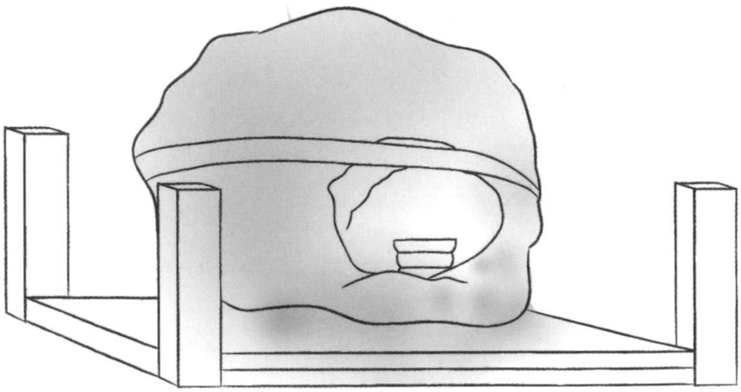

臺灣各地常見有奉祀石頭公的信仰

大樹公

神・明・小・檔・案

誕辰：依各地廟宇日期有所不同

職司：鄉里護佑之神

重要宮廟：高雄大樹區龍安宮、高雄大寮朝龍宮、屏東南州神龍宮

百年樹木擬人化

在萬物有靈的傳統信仰思維中，樹神崇拜是屬於常見的原始宗教，並且也與民間禮俗相結合，各地會依據不同的風土民情發展出各式各樣樹神的起源與傳說。

臺灣常見的樹神種類有：榕樹、茄冬樹、樟樹、檬果樹（檨仔樹）等，這類樹種的特色為樹幹大、枝葉茂密、成長快速、尤其是榕樹會生長出特殊形象的樹瘤與茂密的氣根，是生命力旺盛的象徵，而百年以上樹齡較老的樹木，就被視為具有靈力，或被擬人化稱為大樹公，依據不同的樹種稱為「榕樹公」、「茄苳公」、「檨仔樹公」等。

樹神廟的發展

關於樹神廟的規模不一，有些僅在大樹下擺一香爐或立一神龕奉祀，但也有成為神格較高的神明，信眾合資建廟奉祀，以龍樹尊王最為著名，在高雄大樹區龍安宮、高雄大寮朝龍宮、屏東南州神龍宮都是主祀龍樹尊王的重要宮廟。

不過在一九八〇年代民間興起大樹公的建廟風潮，卻與臺灣社會大家樂賭博流行的歪風有關。

簽賭彩卷迷熱中出明牌，會在鄉下、荒郊野外等地，尋找號稱有靈力的大樹公或樹木，祈求樹公出明牌，神蹟如沙盤顯字、樹葉排字、樹幹浮字等，讓信徒們猜得中獎的號碼，若賭徒順利贏得彩金，便會還願建廟，但也有賭輸破產的賭徒向樹公洩憤，憤而毀廟或燒樹，所幸至今大家樂賭博風潮已不再流行，樹神信仰回歸到傳統的信仰內涵。

臺灣各地有不同樹種的大樹公廟，如「榕樹公」有臺北市大同區的萬古聖公廟、臺南後甲三榕王廟、高雄市大樹區的龍樹尊王、澎湖縣白沙鄉通梁村的神榕；茄苳公有臺北市南港區研究院路旁、宜蘭員山大樹公廟、臺中茄苳王公廟、彰化茄苳王公廟、屏東里港茄苳宮；「檨仔樹公」有雲林古坑鄉麻園村王公廟、嘉義縣民雄鄉西安府檨仔王公廟、嘉義縣民雄鄉玄明宮等。

大樹公是臺灣各地常有的樹神崇拜

神·明·小·知·識

原住民的樹神傳說

除了一般民間崇祀的樹神信仰之外，原住民也有許多與樹有關的傳說與信仰故事。

例如莿桐樹是早期臺灣常見的樹種，刺桐花為朱紅色，春天開花，在沒有日曆紀年的工具時，它成為平埔族記錄季節的代表樹種之一，噶瑪蘭族會將刺桐花開視為過年。

而居住於日月潭旁邊的邵族流傳著茄苳樹王的傳說，邵族的祖先到了日月潭後，在茄苳樹下立誓，會帶領子孫守護此地，也期望族群能像茄苳樹王枝葉茂密，成長茁壯，可惜在漢人的侵略威脅下，茄苳樹王遭到毀壞，邵族在日月潭周圍的勢力也被漢人取代。

南部平埔族西拉雅語系的東山鄉「吉貝耍」部落，則是以木棉花為聖樹。

臺南風神廟

風神廟是現存臺灣唯一主祀風神的廟宇，由臺灣道巡道鄂善於一七三九年（清乾隆四年）興建。建築規模最大的變革是在一九一八年被拆除過半，而現今所見的風神廟是一九二四年（日大正十三年）重建的樣貌，空間僅剩五開間的三合院格局。

廟前有一古蹟稱為接官亭石坊，原來風神廟的範圍涵蓋到接官亭石坊，地點位於臺南府城南河港（五條港之一）的安瀾橋旁邊，而昔日來臺的官員皆須從南河港上的接官亭進入府城，也從這裡離臺，因此風神廟不僅是官員祈求神明護佑之廟宇，也可作為歇息的場所。然而在二〇一六年二月六日的美濃大地震造成風神廟及接官亭旁之鐘樓倒塌，是臺南保存的古蹟受損最嚴重者。

地址：臺南市中西區民權路三段一四三巷八號

臺南五妃廟

五妃廟原稱「五烈墓」、「五妃墓」，是明寧靖王朱術桂之五位妃妾袁氏、王氏、秀姑、梅姐、荷姐之五人合葬處，而寧靖王與正宮羅氏則合葬於高雄市湖內村，但寧靖王的牌位藏於大天后宮聖父母廳供桌上，一般人很少注意。

此廟是在一七四六年（清乾隆十一年）重修墳後才立碑興建，墓塚與廟宇緊密相連，成為「墓廟合一」的特殊建築形制。五妃廟的門神彩繪的是太監與宮女，正殿供奉五妃神尊，擺放梳妝用品與明星花露水作為供品，神龕後方豎立著「寧靖王從死五妃墓」碑。五妃廟旁有間小祠是隨著五妃殉死之侍宦埋骨處，稱為「義靈君墓」。

地址：臺南市中西區五妃里五妃街二〇一號

高雄右昌元帥府

右昌古稱「右衝」，位於北高雄楠梓區，是鄭成功領臺時期右衝鋒鎮的屯墾之地。元帥府是右昌地區重要的宮廟，主祀劉、陳、謝、唐、常、陳、張七位元帥，創建時間不詳，但從碑記可推斷至遲在一七六四年（清乾隆二十九年）時，元帥府已有一定規模，在一九八五年舊廟重新翻建，成為現今元帥府的樣貌。

此廟的祭祀行為，相當具有特色，在一九二九年奉元帥爺指示七月不舉辦中元普渡，改為每年六月半及除夕兩次祭祖，推廣至當地奉行，並且在一九六三年起就禁止焚燒金銀紙箔、不以葷食祭拜，敬神供品以五果、清茶、鮮花為主，成為右昌地區為人稱道的在地習俗。

地址：高雄市楠梓區右昌一巷一號

參考書目

專書（依作者筆劃順序）

（明）許仲琳作 ；（明）李雲翔續著，《封神演義》，臺北市：臺灣古籍，2003年。
仇德哉編，《臺灣之寺廟與神明》，臺北市：臺灣省文獻委員會，1983年。
王秋桂資料提供，《繪圖三教源流搜神大全》，臺北市：聯經，1985年。
王健旺著，《臺灣的土地公》，臺北縣新店市：遠足文化，2003年
王御風著，《圖解臺灣史》，臺中市：好讀，2010年。
石萬壽，《臺灣的媽祖信仰》，臺北市：臺原出版社，2000年。
吳明勳、洪瑩發著《臺南王爺信仰與儀式》，臺南市：南市文化局，2013年。
李建緯計畫主持《彰化縣古蹟中既存古物登錄文化資產保存計畫》，彰化市：彰化縣文化局，2012年。
李建緯、張志相《（第二期）彰化縣古蹟中既存古物登錄文化資產保存計畫》，彰化市：彰化縣文化局，2013年。
周政賢著《南瀛樹神誌》，臺南縣新營市：臺南縣府出版，2009年。
林美容《媽祖信仰與臺灣社會》，臺北市：博揚文化事業有限公司，2006年。
林美容，《臺灣的齋堂與巖仔：民間佛教的視角》，臺北市：臺灣書房，2012年。
林進源主編，《臺灣民間信仰神明大圖鑑》，臺北市：進源書局，2005年。
姜義鎮編撰，《臺灣的民間信仰：神明之祭祀廟宇之介紹》，臺北市：武陵，1985年
星佑著，《神的故事：100位影響中國人心靈信仰的神》，臺中市：好讀出版，2002年。
涂順從，《南瀛古廟誌》，臺南縣新營市：南縣文化，2003年。
馬書田，《全像中國三百神》，臺北市：林鬱文化出版，2004年。
馬書田，《中國道教諸神》，臺北市：國家，2001年。
高佩英，《臺灣的虎爺信仰》，臺北縣新店市：遠足文化，2006年。
康　錫，《臺灣古建築裝飾圖鑑：臺灣第一部圖鑑式傳統建築裝飾專書》，臺北市：貓頭鷹出版，2012年。
康　錫，《臺灣廟宇圖鑑》，臺北市：貓頭鷹，2004年。
張耘書，《臺南媽祖信仰研究》，臺南市：南市文化局，2013年。
張溪南，《臺南上帝爺信仰研究》，臺南市：南市文化局，2013年。
許書銘，《南瀛神明傳說誌》，臺南縣新營市：南縣府出版，2010年。
許　平，《臺南市鹽分地帶有應公信仰研究》，臺南市：鹽鄉文史工作室，2012年。
許獻平，《新營市太子宮》，臺南縣新營市：臺南縣府，2003年。
郭麗娟著；鄭恆龍攝影，《高雄找廟趣：尋訪年輕城市的信仰足跡》，高雄市：高雄市政府文化局，2012年。
陳仕賢，《臺灣的媽祖廟》，臺北市：遠足文化，2006年。
彭友智，《道教諸神背後的真實故事》，臺北市：知青頻道，2013年。
黃文博，《南鯤鯓代天府五府千歲進香期》，臺中市：文化部文化資產局；新北市：遠足文化，2015年。
黃文博，《臺灣民間信仰與儀式》，臺北市：常民出版，1997年。
黃柏芸，《臺灣的城隍廟》，臺北縣新店市：遠足文化，2006年。
董芳苑著，《臺灣人的神明》，臺北市：前衛出版，2008年。
鈴木清一郎原著；馮作民譯，《增訂臺灣舊慣習俗信仰》，臺北市：衆文，1989年。
鈴木清一郎撰；高賢治、馮作民編譯，《臺灣舊慣習俗信仰》，臺北市：衆文，1984年。
劉文三，《臺灣神像藝術》，臺北市：藝術家出版，1992年。
劉文三，《臺灣早期民藝》，臺北市：雄獅，1992年。
劉文三，《臺灣宗教藝術》，臺北市：雄獅，1995年。
劉枝萬，《臺灣民間信仰論集》，臺北市：聯經，1985年。
劉還月，《臺灣民間信仰小百科廟祀卷》，臺北市：臺原出版，1994年。
劉還月，《臺灣民間信仰小百科迎神卷》，臺北市：臺原出版，1994年。
劉還月，《臺灣人的祀神與祭禮》，臺北市：常民文化出版，2000年。
蔡相煇，《臺灣的王爺與媽祖》，臺北：臺原出版，1989年。
戴月芳，《臺灣的城隍爺、王爺信仰》，臺中市：莎士比亞文化出版，2008年。
謝宗榮，《臺灣的信仰文化與裝飾藝術》，臺北縣蘆洲市：博揚文化，2003年。
謝貴文，《高雄民間信仰與傳說故事論集》，臺北市：秀威資訊科技出版，2009年。
謝貴文，《保生大帝信仰研究》，高雄市：春暉，2011年。

參考書目

期刊（依作者筆劃順序）
丁仁傑，〈廣澤尊王遊臺灣：漢人民間信仰神明階序的結構與展演〉，《民俗曲藝》，2012.09。
王怡茹，〈戰爭、傳說與地方社會之信仰重構：以淡水清水祖師信仰為論述中心〉，《民俗曲藝》，2013.06。
朱富琴、陳清香，〈朴子配天宮建築裝飾藝術之探討〉，《史學彙刊》，2012.06。
余光宏，〈臺灣地區民間宗教的發展一寺廟調查資料之分析〉，〈中央研究院民族學研究所集刊〉，1982.04。
宋光宇、王啓明，〈神祇、社群與文化一助順將軍信仰之研究〉，《臺北文獻》，2013.06。
李文環，〈蚵寮移民與哈瑪星代天宮之關係研究〉，《高雄師大學報：人文與藝術類》，2016.06。
李文環、吳修賢，〈安平移民廟：高雄市哈瑪星文龍宮之研究〉，《高雄師大學報：人文與藝術類》，2015.12。
李佩倫，〈羅東震安宮福德正神神明會調查研究〉，《宜蘭文獻雜誌》，2013.06。
李建緯、林郁瑜，〈雲林西螺廣福宮文物資源調查報告〉，《庶民文化研究》，2014.03。
李建緯、張志相、林郁瑜，〈面海的女神一臺中濱海媽祖廟文物資源調查與研究〉，《庶民文化研究》，2015.09。
李豐楙，〈從哪吒太子到中壇元帥：「中央-四方」思維下的護境象徵〉，《中國文哲研究通訊》，2009.06。
林美容、鄭鳳嘉、釋念慧，〈為母娘辦事：花蓮法華山慈惠堂溫滿妹堂主五十年的宗教療癒與實踐〉，《慈濟大學人文社會科學學刊》，2011.06。
林瑋嬪，〈臺灣漢人的神像：談神如何具象〉，《臺灣人類學刊》，2003.12。
孫連成，〈有關清代臺灣義民研究探析〉，《歷史教育》，2010.06。
康豹，〈屏東縣東港鎮的迎王祭典：臺灣瘟神與王爺信仰之分析〉，《中央研究院民族學研究所集刊》，1990.09。
張志相，〈從地藏信仰源流看鹿港地藏王廟創建沿革與祀神〉，《庶民文化研究》，2015.03。
張珣，〈香之為物：進香儀式中香火觀念的物質基礎〉，《臺灣人類學刊》，2006.12。
黃阿有，〈臺灣水仙尊王崇祀之溯源〉，《人文研究期刊》，2010.12。
黃俊文，〈民俗醫療（童乩）一以民安宮保生大帝為例的訪查報告〉，《中正歷史學刊》，2004.12。
黃麗華、許光麃，〈新營十二婆祖民俗藝陣表演形式、服裝及道具之研究一以新營團為例〉，《體育學系系刊》，2007.04。
楊玉君，〈中秋社祭與南臺灣的社樹信仰〉，《民俗曲藝》，2010.09。
鄭因芷，〈高雄三鳳宮藥籤信仰研究〉，《問學》，2014.06。
戴文鋒，〈臺南地區民間無祀孤魂轉化為神明的考察〉，《臺灣史研究》，2011.09。
謝貴文，〈神明的標準化一從老二媽、玉二媽、六房媽的傳說談起〉，《臺灣文學研究學報》，2016.04。
謝貴文，〈清代南鯤鯓廟興盛原因之探討一以民間傳說為主要分析對象〉，《臺灣文學研究集刊》，2015.02。

網路資源
維基百科
文化部文化資產局　http://www.boch.gov.tw/
國家文化資料庫　http://nrch.culture.tw/
臺灣宗教文化地圖　http://www.taiwangods.com/
民俗亂彈　http://think.folklore.tw/

國家圖書館出版品預行編目資料

一本就懂台灣神明／陳虹因著 . ── 初版 . ── 臺
中市：好讀 , 2017.05
面：　公分，──（一本就懂；17）

ISBN 978-986-178-418-2（平裝）

1. 民間信仰　2. 神祇　3. 臺灣

272.097　　106002516

好讀出版

一本就懂 17

一本就懂台灣神明

作　　者／陳虹因
繪　　圖／汪發蓉
總 編 輯／鄧茵茵
文字編輯／莊銘桓
美術編輯／鄭年亨、陳姿秀

發行所／好讀出版有限公司
台中市 407 西屯區工業 30 路 1 號
台中市 407 西屯區大有街 13 號（編輯部）
TEL:04-23157795 FAX:04-23144188 http://howdo.morningstar.com.tw
（如對本書編輯或內容有意見，請來電或上網告訴我們）
法律顧問　陳思成律師

讀者服務專線／ TEL：02-23672044 / 04-23595819#212
讀者傳眞專線／ FAX：02-23635741 / 04-23595493
讀者專用信箱／ E-mail：service@morningstar.com.tw
網路書店／ http : //www.morningstar.com.tw
郵政劃撥／ 15060393（知己圖書股份有限公司）
印刷／上好印刷股份有限公司
如有破損或裝訂錯誤，請寄回知己圖書更換

印刷／上好印刷股份有限公司 TEL:04-23150280
初版／西元 2017 年 5 月 15 日
初版三刷／西元 2023 年 10 月 25 日
定價：299 元

線上讀者回函
獲得好讀資訊

Published by How Do Publishing Co., Ltd.
2023 Printed in Taiwan

ISBN 978-986-178-418-2